信山社叢書

国会を考える2

# 選挙制度と政党

浅野一郎編

信山社

叢書 国会を考える

# 刊行の辞

上田 章
浅野一郎
堀江 湛
中野邦観

一八九〇年（明治二三年）一一月二五日に明治憲法の下で、初めて第一回帝国議会が召集され、一一月二九日開院式が行われた。したがって一九九〇年（平成二年）一一月には、議会制度一〇〇年を迎え、記念式典が行われた。

ひとくちに一〇〇年といっても、明治憲法の下での帝国議会と日本国憲法の下での国会とは同一に論ずることはできない。明治憲法下での帝国議会は、議会主義の原理に基づく制度としての議会ではなく、あくまでドイツ型の「外見的立憲主義」の枠内の制度であり、「君主国における官僚政治へ参加することを許された、君主仁愛の賜与」たる制度の議会であった。

新しい国会は、いうまでもなく衆議院と参議院とからなるが、参議院は旧帝国議会の貴族院とは異なり、名称も替わり、議員はすべて国民からの選挙によって選ばれることになった。また、衆議院も旧帝国議会時代と名称は同じであり、国民からの選挙によって選ばれる点では違いないが、国民主権の憲法の規定から旧帝国憲法時代とは異なり、婦人参政権や議院内閣制の確立などがはかられ、総体として国会の権能はいちじるしく強化された。

このように、議会制度は旧帝国議会以来一〇〇年をこえたが、これと日本国憲法下の国会との間には、明白な断絶があることを忘れてはならない。

ところで、日本国憲法下での国会は平成九年に五〇年を迎えたが、代表民主制の議会として、主権者たる国民の多元的意思を反映する場として、どのような活動をして来たのであろうか。こう問い直してみると、まだ改革されなければならない多くの問題をかかえて今日に至っているといわなければならない。国民の期待する活動がなされないために、いまや、国民の国会に対する信頼は、ほとんど失われているといってよい。

「立法府の衰退」とか、「議会主義の凋落」とかいわれて久しいが、未だに復権の途を見出していない。

われわれは、いまこそ、国会はどうあるべきかを真剣に考えるべきではないかと思う。そして、議会制民主主義を護っていかなければならない。

このようなことを考え、この叢書は、「統治システムと国会」、「選挙制度と政党」、「国会と立法」、「国会と行政」、「国会と財政」、「国会と外交」、「国会のあゆみと課題」に分け、幅広い観点から国会を分析し、今日の国会の問題点がどこにあり、なにを改革しなければならないか、国民が「国会を考える」ための素材を提供するつもりで政治・法律学者、法律実務家、ジャーナリストなどが相集い、編まれたものである。

国会が、まず何よりも「身近な信頼される」存在として活性化するために、読者の方々が「国会を考える」ご参考になれば幸いである。

一九九八年一〇月

浅野一郎編　選挙制度と政党

目次


刊行の辞

第一章　国民主権と選挙制度 …… 浅野一郎 1

Ⅰ　はじめに …… 3

Ⅱ　国民主権とは …… 5

一　主権の概念 5

二　国民主権 7

Ⅲ　国民代表とは …… 17

Ⅳ　国民主権と国民代表 …… 25

Ⅴ　「全国民の代表」の意味 …… 27

Ⅵ　憲法と政党 …… 28

目　次


Ⅶ　国民代表をめぐる諸問題……31
一　直接選挙制・間接選挙制・複選制（準間接制）　31
二　職能代表制・職域代表制　33
三　政党による議員の拘束　33

第二章　日本の選挙制度と政党システム……河野　武司　39

Ⅰ　はじめに――代議制民主主義と政党・選挙制度……41
Ⅱ　新選挙制度導入の経緯……45
Ⅲ　新選挙制度の制度的諸問題……51
一　選挙の争点とはならなかった小選挙区比例代表並立制　51
二　ブロック制　52
三　重複立候補　56
Ⅳ　選挙制度とレイプハルト基準……61
一　民意と議席の比例性　61
二　選挙制度識別の基準　63

目　次

三　レイプハルト基準と九〇年代日本の選挙制度改革　64
Ｖ　日本の過去の選挙制度と政党システム　65
Ⅵ　新選挙制度と日本の政党システムの将来　71
Ⅶ　おわりに　73

第三章　新選挙制度におけるクロス投票とバッファー・プレイヤー　河野　武司　83
Ⅰ　一人二票制下における投票行動　85
Ⅱ　クロス投票の理由　88
Ⅲ　一人二票制における投票行動の実態　92
Ⅳ　自民党支持者におけるバッファー・プレイヤー　96
Ｖ　おわりに　100

第四章　選挙制度　真下　英二　105

目　次

Ⅰ　定数不均衡問題と司法の判断……107
Ⅱ　選挙制度とデモクラシーの理念……113
Ⅲ　選挙制度の差異による議会構成の変化……117
Ⅳ　日本の選挙制度の変遷……120
Ⅴ　選挙にみる都市と農村……125
Ⅵ　日本の選挙制度の問題点——農村の過剰代表……131
Ⅶ　おわりに……134

第五章　議会制民主主義と選挙・政党……川﨑　政司　139

Ⅰ　はじめに……141
Ⅱ　国民代表と選挙・政党……143
一　国民代表の意義　143
二　国民代表と選挙　151
三　国民代表と政党　154

目　次


Ⅲ　選挙に関する基本原理……169
一　選挙の意義　169
二　選挙権・被選挙権の意義　170
三　選挙に関する原則　179

Ⅳ　選挙制度の類型とわが国の選挙制度……212
一　選挙制度の類型　212
二　選挙制度が政党や議会政治に与える影響　217
三　日本国憲法と選挙制度　221
四　わが国の選挙制度とその評価　225

Ⅴ　政党と議会政治……244
一　政党をめぐる状況　244
二　政党の意義・性格　246
三　政党の法的な位置づけ　256
四　政党システムとその類型　263
五　政党不信と政党政治の行方　265

Ⅵ　おわりに …… 271
あとがき［浅野一郎］

# 第一章　国民主権と選挙制度

浅野一郎

# Ⅰ　はじめに

民主主義とは国民の意思にそって国家権力が行使されるべきであるという考え方であるといってよいが、その具体的な現れは、国民の国政参加である。国民の国政参加とは、直接又は間接に国民が国家意思の形成に参与することである。しかしながら現代国家では、領域も広く、人口も多くなり、また国政の機能も複雑になっている。こうなると、国民が直接に国政に参加することは困難であるといってよい。そこで、国民が選んだ代表者によって間接的に国政に参加する代表民主制（間接民主制）が一般にとられることとなる。この代表民主制の典型的な制度が議会制である。

ケルゼンは、近代国家におけるデモクラシーは、間接的・議会主義的デモクラシーであるとして、「議会主義とは、国民によって、普通平等選挙の基礎の上に、従って民主主義的に選挙せられた合議機関によって、多数決原理に従い、規範的国家意思を形成することである」（『デモクラシーの本質と価値』西島芳二訳、岩波文庫（一九六六年）五八頁）といっている。

議会制は、選挙を通じて自由・公正に表された国民の意思に基づいて立法や政策決定がなされるための制度であるから、①民主的で公正な選挙制度、②国民の自由な政治的意思の形成、③議会における自由な討論と説得、という前提条件が整っていなければならない。

わが国においては、明治憲法の下で初めて第一回の帝国議会が一八九〇年（明治二三年）一一月二五日に召集され、一一月二九日に開院式が行われ、成立した。わが国の議会制は、一〇〇年以上の歴史を有する。しかし、明治憲法は、「議会」を設けたとはいえるが、議会制を採用したといえるかどうか疑問である（民選の議会が設けられたこと自体画期的なこととして評価される（芦部信喜「議会制百年と今後の課題」法学教室一一六号一三頁）のであろうが）。というのは、議会主義の原理に基づく制度としての議会ではなく、あくまでドイツ型の「外見的立憲主義」の枠内における制度であったから（芦部信喜・前掲一三頁）である。浅井清博士は、明治憲法の帝国議会は、「民主主義政治制度における国民の代表機関ではなくして、君主国における官僚政治へ参加することを許された、君主仁慈の賜与」という性格を持つものであったとされている（浅井清『国会概説』一九四八年、五四頁）。

日本国憲法は、議会制を採用しているが、議会主義の原理に基づく議会制としては、日本国憲法になって初めて取り入れられたものである。このための国家機関を「国会」という。

国会制度もすでに五〇年が経過した。いま、議会政治は、①金権政治、個別利益誘導の支配する政治、②全体の利益をつくり出す調整機能の低下、国際化に対応不能、③政治の細分化・行政化の進行、④政権交代の欠如、⑤討論を通じて国民に政治の争点を明示し、合意形成をつかさどる国会の機能の低下、などの現象を生ぜしめており、国民の信頼を失わせている。

このままでは、わが国の議会政治は、将来にわたって政治的安定を国民に約束することも難しく、二一世紀における課題の解決に対応しきれぬまま一層、国民の政治不信や政治ばなれを進めることとなりかねない。

議会政治の危機的現象をよく見つめ、強力にその改革を進めなければならないときである。

このような思いから、議会制の基礎ともいうべき選挙制度と政党について考えてみたいと思う。

# Ⅱ　国民主権とは

そこで、まず、「国民主権」ということから考えてみよう。

## 一　主権の概念

主権とは、通常、①国家権力そのものを指し、統治権又は国権と同じ意味に用いられる場合、②国家権力の属性として最高性・独立性の意味に用いられる場合、③国家意思を最終的に決定する力の意味に用いられる場合とがある。①の場合、本来、主権は唯一・不可分・不可譲渡の性質を有し、可分であり、譲渡可能な意味での統治権と区別されるものであるが、この二つは同義として用いられる場合がある。②の場合は、国内関係における最高性、即ち対内主権と国際関係における主権国家を前提とする独立性を意味し、憲法前文で「……この法則に従ふことは、自国の主権を維持し……」とあり、日本国との平和条約前文で「連合国及び日本国は、……主権を有する対等のものとして……」とあるのは、その例である。③の場合は、国家意思を最終的に決定しうる力をもつ者は誰かという問題として提起され、君主主権か国民主権かという対立した形で現われるが、憲法では、「……主権が国民に存することを宣言し、……」（前文）とか、「……主権の存する日本国民の総意に基く」（一条）というように国民主権を明確に規定している。

主権の概念の歴史をたどると、一六世紀のフランスにおいて、ボーダンは、フランス国王について、対外的に神聖ローマ帝国とローマ教会の権威・権力からの独立を、対内的には封建諸侯に対する優越性を示すものとして君主主権を主張した。彼は、主権を絶対恒久の国家権力であり、法によって制限されない最高の権力であるとし、立法権、宣戦講和権、課税権等八種の具体的権力内容を伴う概念であると説いた。その後、イギリスのホッブスによって絶対的な君主主権が主張され、社会契約説を媒介としながらこれを裏づけた。しかし、市民階級の抬頭とともに、ロックやルソーによって国家権力の正当性を国民の信託に求め、又は主権は常に公共の福祉を目ざす人民の一般意思の作用にほかならないとし、国民主権、人民主権論が主張されるようになる。そして、国民主権を基本的に憲法制定権力として把握するシェイエス流の考え方によれば、「憲法を制定する権力」と「憲法によって制定された権力」を区別し、前者は憲法そのものを制定する単一不可分の力であり、憲法の拘束をうけないが、後者は憲法制定権力の制定した憲法に拘束される。国民が主権をもつことは、当然に国民が憲法制定権力をもつことであるということになる。この考え方の流れは、わが国の学界にも大いに影響を及ぼし、国民主権をこのような意味において理解する立場がみられる。

## 二　国民主権

憲法は前文で「主権が国民に存する」ことを宣言し、第一条で天皇の地位は、「主権の存する日本国民の総意に基く」と規定し、国民主権主義を採用している。

この場合の主権は、国家意思を最終的に決定する力の意味であるが、この「国家意思を最終的に決定する力」の意味と「国民に存する」ことの意味をめぐって、国民主権の意味について多くの説に分かれる。

### (1)　**権力的要素に重点を置く説**

①　権能又は機関権限と考える説

(a)　国民主権という場合の「主権」とは、国家の意思力を構成する最高の機関意思、国家組織の内部において国家の意思を決定する最高の力を意味し、「国民」とは、国家機関を構成する国民（選挙人団）であると解するのである。

国民とは「第一にそれは過去現在将来を通じて継続する単一体としての国民即ち国家と同意義の国民を意味するものでなく、現に生存する個々人の集合を意味するものであり、第二にそれは未成年者・禁治産者・刑の執行中の者等を含めた日本国籍を有する者の全体を意味するものでなく、参政権を与えられている者の全体を意味し、無資格者は当然其の中から除かるべきものである。……第三にそれは天皇を含むものではない」（美濃部達吉『日本国憲法原論』一九四八年、一二〇－一二一頁）というのである。

国民主権は、「国民が国家の最高機関として国家を代表して統治を行う最高の権能を有することを意味する」とし、「権能」と解し、憲法改正承認の国民投票（九六条）は、国民主権主義の最も著しい現われとして捉えられている（美濃部・前掲一一九頁）。

(b)　主権とは、国政についての最高の決定権（憲法制定権）を意味し、「国民」とは、天皇及び未成年者を除く国家の所属員で、国民にかかる権能を賦与し、国民を「もっともすぐれた意味における、国権の最高機関」として構成するのは憲法よりも上にある「実定的な根本規範」であると解するのである（清宮四郎『憲法Ⅰ（三版）』一九七一年、三二頁、一二七頁）。そして、憲法改正承認の国民投票によって国民が憲法改正を決定するのは、国民主権の原則からみて当然のこととされる（清宮四郎・前掲三四頁)。

② 国家権力そのものと解する説　主権を法的な意味における国家権力そのものと解し、「国民」とは「人民（peuple）」即ち選挙人団（有権者の総体）と解するのである。

日本国憲法の「国民主権」は、フランスでいう「人民主権」（souveraineté du peuple）の意味に解釈されるべきで、有権者としての人民（有権者の総体）が統治権（国家権力団体）の主体であることを意味する。したがって、憲法第一五条第三項の直接普通選挙制度の採用、同第九六条第一項の憲法改正その他重要な事項についての人民投票の採用、同第七九条の例外的なリコール制の採用などは人民主権になじむ規定であり、代表制における半代表などを考慮して、同第四三条第一項、同第五一条の伝統的解釈である命令的委任の禁止について修正を加えようとする考え方である（杉原泰雄『憲法Ⅰ　憲法総論』一九八七年、九五頁以下)。

## (2) 正当性の要素に重点を置く説

(a)「主権」とは「国家政治のあり方を最終的にきめる権力あるいは権威」を意味し、国民とは、特定の資格をもった誰かではなく、「誰でも」（jedermann）である。天皇の地位にある個人でも、その地位から離して私人として見る限りこれに含まれる（宮沢俊義『国民主権と天皇制』一九五七年、一八頁)。国民主権を理念的・原理的に、政治の権力の源泉が国民に由来するとする建前と解するのであ

る（宮沢俊義・芦部補訂『全訂日本国憲法』一九七八年、三八頁）。

主権の主体は、老若男女や選挙権の有無を問わず、いっさいの自然人たる国民の総体であるが、このような国民の総体は、現実に国家機関として活動することは不可能であるから、国民主権とは国民全体が国家権力の源泉であり、国家権力の正当性を基礎づける究極の根拠だということになり、国民に主権が存するとは、国家権力が現実に国民の意思から発するという事実をいっているのではなく、国民から発すべきであるという建前をいっているにすぎないことになる。

この結果、国民主権は「代表制とは不可分に結びつくが、権力的契機（国民の憲法改正国民投票）とは、少なくとも理論的には、直接の関係はない」（芦部信喜『憲法学Ⅰ　憲法総論』一九九二年、三四一頁）こととなる。

(b)　正当性の要素を重視するが、権力的契機を全く否定してしまったのでは正当性的契機それ自体が成立できないという事情があるために、多かれ少なかれ一定の契力的契機を認める次のような説がある。

「日本国憲法のもとでは、国民主権の採用ということの画期的意味を明らかにするためには、機関権限の次元にとどまらず権力の正当性根拠の問題として『主権』をとらえる見解が採られるべきである。ところで、その際君主主権の場合には、立法権をはじめとする諸権能が主権の内容としてあげられ、そして、君主はそれらを法的に掌握していた。しかし、普通に国民主権といわれるときは、必ずしも、国民と同視される有権者団自身が最高の法的権能（憲法改正権または立法権）をもっているとはかぎらない。こうして、国民主権は、直接には国民が権力の正当性根拠であることを示すにとどまる（正当性契機と権力的契機の分裂）。もっとも、今日『国民主権』というときは、権力的契機を全く否定してしまったのでは正当性的契機それ自体が成立できないという事情があるために、多かれ少なかれ一定の権力的契機が見られることとなる」。「フランス憲法史にあっては、観念的統一体としての国民を《nation》、具体的にとらえることのできる諸個人の総体としての国民を《peuple》とよんで区別する用語法が多くの論者によって採られてきた。『国民《ナシオン》』はもっぱら授権を通してしか意思をもつことができないとされ、全く権力的要素すらなしに『国民《ナシオン》』が主権者とされていたのに対し、『国民《プープル》主権』にあっては、『国民《プープル》』それ自身が意思をもちうることを前提として、それに基づく統治が、建前として掲げられる。日本国憲法の『国民主権』は、一五条三項（普通選挙の保障）、九六条（憲法改正承認の国民投票）の要素をそなえており、他方限定的にではあるが、特定種類の法律についての直接投票の可能性を定め（九五条）、また、公務員の選定罷免権についての原則的規定をおき（一五条一項）、最高裁判所裁判官については国民審査による罷免の制度をおいている（七九条二項・三項・四項）ところから、フランス流の表現でいえば『国民《プープル》主権』を意味すると見ることができる」（樋口＝佐藤（幸）＝中村＝浦部『注釈日本国憲法上』一九八四年、三五・三六頁（樋口陽一））というのである。

(1)の権力的要素を重視する立場は、①全国民を主権者たる国民と主権者でない国民に二分することになり、主権者たる国民の範囲は、憲法第四四条により法律によって決まることになるが、主権者でないと判断される者の存在を認めること自体に問題はないか、②「国政は、国民の厳粛な信託によるものであって、その権威は国民に由来する」とする前文の意味を説明するのに困難を伴うなど批判されている。これに対し⑵の正当性の要素を重視する考え方は、⑴に対する批判を克服することができ、多くの支持を得ているが、国民主権の原理がただ理念にとどまり、積極的にいかなる制度を要請しているのかが明らかでないという問題がある。

### ⑶　正当性の要素と権力性の要素を認める説

国民主権にいう主権を制憲権といいかえてもよい（少なくとも、重なり合うものといいかえてもよい）が、そうすれば、「主権は権力的契機を包蔵する概念だと考えなければならない。というのは、もともと国民の制憲権は、原則として直接的な権力の行使という形式において実現されるものだ、という点に本質的な特徴の存する概念だからである。ところが、このオリジナルな制憲権（始源的制憲権）は、近代立憲主義憲法が制定されたとき、みずからを憲法典の中に組織化し、①国家権力の正当性の究極の根拠が国民に存するという建前ないし理念としての性格を持つ国民主権の原理、および、②法的拘束力に服しつつ憲法（国の統治のあり方）を改める改正権（これを「制度化された制憲権」と呼ぶ）に転化したのである」。「樋口教授は、『これを制憲権が『永久的に凍結されることになった』とし、『主権』＝『憲法制憲権』は、直接には、あくまでも権力の正当性の所在の問題であって権力の実体の所在の問題ではない』と説明している。しかし私は、『制憲権の概念の本質に属する』と言われる権力的契機が、制憲権と主権とが少なくとも重なり合う概念であることを通して、国民主権に言う主権の中にもなお重要な要素として存在しており、それは具体的には、国民主権の原理と密接に結び合い、それに則って定められる憲法改正手続規定の中に、改正権として具体化されていることを重視する。これは、主権の保持者が『全国民』であるかぎりにおいて、主権は権力の正当性の究極の根拠を示す原理であるが、同時にその原理には、国民自身――実際には『有権者の総体』――が主権の最終的な行使者（具体的には憲法改正の決定権者）だという権力的契機が不可分の形で結合していること、を意味する」（芦部信喜『憲法学Ⅰ　憲法総論』一九九二年、二四二―二四三頁）というのである。そして、「国民主権は、一体的国民（全国民）が国家権力の源泉であり、国家権力を民主的に基礎づけ正当化する根拠であるという意味と、さらに、国民（実際にはそれと同一視される積極的国民＝有権者）が国家権力の究極の行使者だという意味をあわせ含む。ただ、この同一視ないし自同性の原則は一つの擬制であるから、普通選挙制の趣旨に従って有権者の範囲ができるかぎり拡張され、その多様な意思を国民に公正かつ効果的に反映するような選挙制度が整備されることなど、自同性の原則を現実に保障する具体的な制度が伴わなければならないことに注意すべきであろう」（芦部信喜・前掲二四四―二四五頁）とされる。

### (4) 国民代表の能動的な統治に対し、国民が、全員一致の「一般意思」による同意又は不同意の権力をもつ点を重視する説

国民主権とは、現に生活しているすべての国民に共通の非組織的な一般意思が、国民の代表の行う統治に同意又は承認を与え又は与えない「監督の権力」（Pouvoir de Controle）をいうというのである。

「主権は、国民に在りというときの主権は、国家の統治作用に同意する一般国民の一般意思の力をいふといふことができる。国民主権といふとき、それは総ての国民が自ら直接に統治する力を持つことをいふのではない。統治は統治機関の地位に在る一部国民が之を行ふのであり、国民は統治せずして寧ろ統治に服従するのである。唯、国民主権思想の下に於いては、国民のかかる服従は、国民自身の同意に基くことでなければならない。而して、国民が統治作用に同意を与えることの標準は、統治作用が国民意思の代表としてみられ得るか否かの点にある。それ故、大体に於いて、主権在国民説にいふ主権とは、国民自身の同意の下に国民代表として統治を行はしむる国民意思の力をいふと定義することができるのである」（渡辺宗太郎『憲法の基本問題』一九五一年、五、六頁）

「国民の一般意思は政治的に存在し作用するものであるが、併し、それは積極的に現実の方法を以て行はれるものではない。それにも拘らず、国民の一般意思が、国家主権を構成するとみられる所以は、現在政府の統治作用が、仮令一般意思の直接の指図の下に於いてでないとしても、少くとも、それの現実の監督の下に於いて行はれることに依り、或る意味に於いて、それが現在の統治作用に混入

せられる結果を生ずるからである。而して、国民の一般意思を基礎として、制度的に其の機能を作用せしめることは、要するに国民の政治的自由の為の国家組織、即ち民主的国家制度或は立憲的国家制度の要件であり、特質でなければならない」（渡辺宗太郎・前掲八頁）。

「一般意思は、国民に共通な現実の意思であるが故に、それは現に生活してをる国民にしか共通のものであり得ない」。「一般意思の主体は、どこ迄も現代に於ける現実の国民である。同時代の個人は国民として集団を構成するが故に、一般意思は集団的の表現を以て現はされるとしても、併し、それは各個の個人に於いて存在するものである。唯、それが共同の福祉に向けられるものである限りに於いて、一般的のものであると見られ得るのである」。「一般意思は厳格に国家の総ての構成員の共通のものでなければならないのである。換言すれば、それは国民に於て全員一致のものでなければならない」（渡辺宗太郎・前掲九、一〇頁）。

「国民主権の本質的要素を成すものは、国民の一般意思であるが、国民の一般意思が国民主権の本質的要素を成すことの意義は、一面、それを代表する意味において国民の一般意思に基礎を置く為政者の統治意思が人民を主権的に支配することと並んで、他面、国民の一般意思そのものが直接に統治意思に対する同意の作用を行って、国家団体の結合的羈絆としての法秩序の権威の保障と、共同利益の実現のための統治作用の自制とを結果せしめることにより、消極的に統治意思として作用することに在る」（渡辺宗太郎『続憲法の基本問題』一九五六年、一七〇、一七一頁）。

「国民の一般意思の同意作用は、為政者の支配的統治作用に対する監視的の力であって、直接に国民を支配する下命的力ではない」（渡辺宗太郎・前掲一七一頁）。「国民主権の作用としての一般意思の同意の意味は、一応成立した統治行為が国民の共同福祉の見地から不正であり不当であるとせられるときに、かかる共同福祉に向けられた一般意思の反動によって、結局その効力の存続を妨げられることをいふのである」（渡辺宗太郎・前掲一七二頁）と説かれるのである。

この説は、国民の不同意の「力」のあり方を明らかにし、かつそこから政治組織上の一定の原則（言論の自由、国民の最近似物としての選挙権者による国民主権の保障）を引き出している（尾吹善人『憲法・学説判例』一九九〇年、二五頁）。

このように国民主権については多くの説があるが、国民主権を権力の正当性の原理のみならず権力の組織原理でもあると捉え、憲法前文で「日本国民は、正当に選挙された国会における代表者を通じて行動し」と規定し、「そもそも国政は、国民の厳粛な信託によるものであって、その権威は国民に由来し、その権力は国民の代表者がこれを行使し、その福利は国民がこれを享受する」と規定して「代表民主制」を採用しつつ、第七九条で最高裁判所裁判官の国民審査、第九五条で地方自治特別法に対する住民投票、第九六条で国民による憲法改正の承認などの直接民主制度を例外的に採用していることを国民主権から説明することができる説としては、正当性契機と権力性契機を併せて認める説が妥当ではないかと思われる。

国民主権についての考察は、これぐらいにして、これとの関連で国民代表について検討してみることとする。

# Ⅲ　国民代表とは

憲法は、前文で代表民主制の原則を採用し、第四三条第一項では「両議院は、全国民を代表する選挙された議員でこれを組織する」と規定し、国会議員が「全国民を代表する」地位にあることを宣言している。

ここにいう「代表」、「国民代表」の意味については、種々の説がある。

## (1)　法的代表説

①「法定代表の観念は其の代表せらるべき者が意思能力を有することを前提とするものではなく、却って反対に事実上意思能力が無いか又は不完全である為に法律の力を以て其の代表者を設くる必要を生ずるのである。民法上の法定代理に付いて見ても、胎児や相続人なき財産が意思能力の無いことは勿論、未成年者や禁治産者も全く意思が無いか又は意思能力が不完全である為に法定代理人を

置く必要が有るのであって、代理人に依って始めて有効な意思表示を為し得るのである。議会と国民との関係に付いても之と同様に、国民は事実上に統一した意思を有しないものであるから、法律の力に依り代表者を設けて其の意思発表の機関たらしむる必要があるのであって、国民に統一的意思の無いことは決して議会が国民の代表機関であることを否定する理由となり得べきものではない。議会が国民を代表するといふことは決して既に成立して居る国民意思が議会に依り発表せらるることの意味ではなく、議会の発表する意思が法律上に国民の総意として認めらるることを意味する。国民はそれ自身に意思能力を有するものではなく、議会制度の設けあるに依って始めて国法上に意思の主体たるのである」（美濃部達吉『日本国憲法原論』一九四八年、二七二頁）。

この説は、国民代表であるためには、国民によって選挙されることは必要ではないが、選挙は代表者と国民との間に実質上の関係を生ぜしめ、国民代表としての性格に実質的根拠を与えるとする。また代表者はその権能の行使につき何者の指揮をも受けず、完全な自由の意見により議決に加わるとする。

② 「国民は国家の主権者であるが、その国民は、雑然とした多数者であって、それ自身として現実にまとまった意思を表示することのできるものでない。故に、主権者たる国民が現実に意思を表示するためには、先ず、一般に、主権者たる国民の意思を現実に表示する、という職分を有する一体の多数者が存在しなくてはならぬ。この一体の多数者によって、主権者たる国民が現実にその意思を表

示するのである。かくの如く、一般に主権者たる国民の意思を現実に表示する、という職分を有する者を称して、国民の代表者という。故に、国民の代表者が造設されなくてはならぬ。これを憲法では国会と名づけている。さて、国民の代表者たる国会を造設するのは如何なる方法によるか。それは国民の意思によって造設されなくてはならぬ。そうでないならば、国民が国権の源泉たる主権者である、とは考えられないからである。国民がその代表者をつくる行為はいろいろあり得るが、それは憲法がこれを定めるのである。今日わが国の憲法においては、国民は、選挙という行為により、国民の代表者たる国会を造設するのである。国会が国民の代表者であること、及び、国民が選挙によりこれを造設することは、憲法の前文及び条項に規定してある」（佐々木惣一『改訂日本国憲法要論』一九五二年、一七八、一七九頁）というのである。

この説は、国民の代表者たるには、国民の選挙によることが必要であるとし、それは憲法の条項（前文、四三条、四三条一項）によるとしている。また、代表者は、他の者の意思により拘束されることはないとする（佐々木惣一・前掲一八八頁）。

代表の性質について、「法上の意味では国民を代表するものでなく、政治上の意味でのみ国民を代表するものであるとしてはならぬ。国家が政治について国民の意思を知ることを求める、というのは政治上の意味であるが、国会の機関意思を以て国民の意思の存するところと考える、というのは法上の意味である」とする（佐々木惣一・前掲二一〇頁）。

### (2) 政治的代表説（純粋代表説）

政治的代表は、法的代表の観念とは異なり「国民は代表機関を通して行動し、代表機関の行為が国民の意思を反映するものとみなされる。しかし、この場合の代表関係においては、代表者は、被代表者（この場合は国民）のために行動する者とみなされるが、代表者の行為が、法的に被代表者に帰属し、被代表者の行為とみなされることを意味するものではない」（清宮四郎『憲法Ⅰ〔三版〕』一九七九年、六九頁）とされる。

したがって「『全国民を代表する』とは、全国民の意向を忠実に反映することを意味する。したがって、そうすることを可能ならしめるような方法で選任された議員が、ここにいう『全国民を代表する』議員である。全国民の意向を忠実に反映するというのであるから、国民のうち特殊な身分、たとえば、貴族、官吏、資本家またはある地域の住民などだけの利益を代表するような方法で選任された議員は、ここにいう『全国民を代表する』議員とはいえない」。「『全国民を代表する』議員とは、その選挙区の選挙人だけを代表するのでない議員を意味する。議員が選挙区の指令、すなわち **mandat imperatif** に拘束されないことも、ここに意味されている」（宮沢俊義・芦部信喜補訂『全訂日本国憲法』一九七八年、三五二頁）ということになる

政治的代表の最も古典的な見解（純粋代表）は、一七九一年フランス憲法に初めて出現した観念で「全国民の代表」とは「(ア)選挙区は、議員の派遣主体ではない。それは『全国民の代表』をえらぶ技

術的必要のため国法が設置した区画以上の意味を持たない。(イ)選挙区は、選出議員の権能を限定しえず、議員の権能は国法によって定められる。また、当然のこととして、選挙区は、その選出議員の権能行使について強制委任（mandat impreratif）をなしえない。(ウ)選挙区は議員を解任しえない。その解任がみとめられるのは、国法がその『リコール』制を規定している場合に限られる。(エ)選挙区は議員に報酬を支払うを要しない。報酬の支払を要すると考えられる場合には、『国庫』から払われる」（小嶋和司『憲法概説』一九八七年、三九二、三九三頁）という意味であり、憲法第四三条の「全国民を代表する」という規定は、選挙区の代表として強制委任を受けた封建議会的な議員の地位を否認するというもので、現代議会における議員の地位を訓示的に述べたに過ぎないと説く説もある（小嶋和司・前掲三九三頁）。

現在の多数説は、選挙区の指令に拘束されないという意味に加えて、選挙方法をも考慮した政治的代表説である。

このような国民代表の概念は、純然たるイデオロギーであって、国家機関である国会の意思は国民の意思の反映であるとみなされることは、一つの擬制である（宮沢俊義「国民代表の概念」『憲法の原理』一九六七年、一二三頁以下）。したがって、この擬制を擬制にとどまらせることなく、国民代表に、国政が国民の意思に基づくものであらしめるための実質的意味を持たせることが必要であり、「国民代表」の考え方に、議員の選任手続又は国民と議員との組織的つながりを強調する説が多くなって来た。

国民代表の観念は「具体的・制度的な担保を伴なった観念であり、その具体的・制度的な担保が議員（両院制の場合には少なくともその一院の議員）は国民の選挙によるということ（選挙による議員の存在が近代議会の不可欠な要件であるということ）である」（佐藤功『註釈憲法(下)〔新版〕』一九八四年、六三七、六三八頁）とし、憲法第四三条第一項は「両議院、すなわち国会がこのような近代的な意味における代表的性格を有するものであることを明らかにするものである」（佐藤功・前掲六三八頁）とする。

### (3)　政治的代表及び社会学的代表説

純粋代表においては、代表者たる資格は、代表者が国民の意思を表現する権力であるか否かにかかわり、社会的事実として、代表者の意思と被代表者の意思との間に一致関係があることは、全く問題にされなかったとし、「その後、民主政の進展に伴って国会が国民代表であるためには、選挙において表明される国民意思を国会はできるかぎり忠実に反映し、国内の地域的・社会的および経済的諸利益の公正な、かつ均衡のとれた代表が確保されていなければならないと考えられるようになった。このような、『代表とは国民の政治的見解と国民が選んだ代議士の政治的見解との類似以外の何ものでもない』（デュヴェルジェ）という社会学的視角から構成された代表の概念を基礎とする代表制を、フランスでは革命期に成立した古典的な純粋代表制と区別して、半代表制（regime semi-representatif）とよぶ。日本国憲法にいう代表も、社会学的な意味を含む概念だと解するのが妥当であろう」（有倉遼吉＝小林孝輔編『基本法コンメンタール憲法〔三版〕』一九八六年、一八三頁〔芦部信喜〕）と説き、国民代表には政治的代表と社会学的代表の二つの意味を含むとされるのである。

したがって、「国民代表」には、「全国民を代表する選挙された」と規定しているように、議員の国民代表たる地位が国民意思によって正当化されることを要求する意味があるのに加えて「国会議員の選挙方法も被代表者たる国民の意思をできるだけ忠実に国会に反映するものでなければならないことを要求していると解することになる（前掲・基本法コンメンタール憲法〔三版〕一八四頁〔芦部信喜〕）。

### (4) 人民《プープル》代表説

日本国憲法の国民主権を「人民《プープル》主権」的に理解し、公務員についての国民の選定罷免権を規定した憲法第一五条第一項の「国民から選定罷免権を奪うことはできない」、「国民に選定罷免権の行使の可能性をたえず保障しておくことは必要であろう」、「一般意思（総意）の決定を担当する代表者については、その任務の性質上とくに必要であろう」という意味を積極的に生かし、かつ、それと整合性を保つよう憲法第四三条第一項を解釈すると日本国憲法の「代表」は「半代表」として把握されなければならず、その結果、選挙区の有権者が議員に対する訓令権をもち、その意思を表明しないと判断する議員を罷免しうるという命令的委任が肯定されると説くのである（杉原泰雄「国民主権と国民代表制の関係」奥平康弘＝杉原泰雄編『憲法学(4)　統治機構の基本問題Ⅰ』一九七六年、七三―八〇頁。なお、杉原泰雄『憲法Ⅱ　統治の機構』一九八九年、一六一～一七二頁）。

これに対し、芦部教授は、「日本国憲法の国民主権をフランス憲法にいう『人民主権』説的な意味に解すべきだとすれば――『主権』概念についてはなお検討を要するものがあるが、それはさておき――あらゆる形態の強制委任が本条によって絶対的に否認されている（たとえば一定の要件の下に議員の解職請求を定める法律が直ちに違憲となる）、とまで断ずることはできないであろう。ただ、そう解しても、憲法一五条一項は具体的な選定罷免権を国民に与えたものではないので、立法措置がない以上は、国会議員に対する選出母体の具体的・個別的な訓令ないし罷免権は事実上存在しない、といわざるをえない。また、選挙等を通じての政治的責任の追及のほかに、そのような選挙民の訓令権ないし罷免権の制度を適切に立法できるか否か、立法できるとしても政治的な濫用の危険を防止できるか否か、さらに、議会政に不可欠な政党は広く国民的利益を志向し、その紀律による議員の拘束も先に触れたとおり自由委任の枠外にあるものとして是認されるとすれば、この政党紀律と個別的・地方的利益によって議員を法的に拘束する命令委任の思想とは、どのように結びつくのかなど、問題や疑問も少なくない」と批判されている（有倉＝小林編・前掲一八四頁〔芦部信喜〕）。

# Ⅳ　国民主権と国民代表

日本国憲法のもとでは、国民主権の採用ということの画期的意味を明らかにするためには権能又は機関権限の次元にとどまらず権力の正当性の根拠問題として「主権」をとらえ、主権とは、国政のあり方を終局的に決定する力・意思の所在を示す観念であるとする説と「主権」とは憲法制定権力又は実定憲法上の国家権力の所在を示す権力性の契機を重視する説があり、前説では、「国民」とは、国家機関としての国民ではなく、全国民（日本の国籍を有する者のすべて）であり、主権者である国民の総体は、現実に国家機関として活動することは不可能である。したがって、この考え方の国民主権は、代表制（間接民主制）とは不可分に結びつくことになる。後説では、主権をその所在のみならず、その行使の面でも把え、「国民」は直接に権力を行使できる者でなければならない。したがって「国民」は選挙人団（有権者の総体）と解するのである。この考え方は、直接民主制と結びつくことになるが、領域も広く、選挙人も多く、国政の機能も複雑になった現代国家においては、現実に直接民主制は行われ得ない。そこで、代表制（間接民主制）が採られることになるが、普通選挙制度が採用され、選挙権は、個人の権利とされ、国民代表も選挙人の意思を忠実に反映するものでなければならず、選挙人は国民代表に指揮命令をなすことができ、選挙人は、リコールなどによってその指揮命令に反する国民代表の法的責任を追及することができることとなる（命令的委任）。

この正当性の契機を重視する説又は権力性の契機を重視する説のいずれも問題があることは、すでに述べたが、国民主権は「一体的国民（全国民）が国家権力の源泉であり、国家権力を民主的に基礎づけ正当化する根拠である意味と、さらに、国民（実際にはそれと同一視される積極的国民＝選挙人）が国家権力の行使者だという意味をあわせ含む」とする正当性の契機と権力性の契機とを併せて認める説があり、この説が日本国憲法の前文、第九六条（憲法改正の国民投票）、第七九条第二項（最高裁判所裁判官の国民審査）、第九五条（地方特別法に対する住民投票）などを国民主権と結びつけて説明できる説として妥当であることもすでに述べた。

この考え方からすれば、国民代表については、政治的代表（純粋代表）及び社会的代表（半代表）説が妥当であると考えられる。

即ち、国民主権の正当性の契機から国民代表の政治的代表（純粋代表）の側面（国民代表の選挙人からの自由・独立）が、国民主権の権力性の契機から半代表（被代表者（実在する国民）の意思と代表者の意思の結合）の考え方が導き出されてくるのではないかと考えられる。

# V 「全国民の代表」の意味

そこで、この二つの代表の考え方に立って、「全国民の代表」の意味を考えてみると、まず「全国民を代表する」とは議員がその選挙区の有権者や特定の利益団体などの国民の一部だけを代表するものであってはならないこと、選挙区や特定の利益団体などからの指令即ち命令的委任（mandat impératif）の禁止を意味する。が他方では、議員は、全国民の意思を適切に反映するものでなければならないことをも意味する。このことは命令的委任のような法的に代表者を拘束することは禁止しているが、事実上の拘束は否定するものではないと解することになる。また、「全国民の代表」に適合的な条項とされる第五一条の免責特権についても、民刑事責任・懲戒責任というような法的責任からの解除であり、国民による政治責任の追及は許されると解することになる。

また「全国民の代表」は、「国民全体のうちに現に存する各種の政治的意見ないし傾向の少なくとも支配的なものが、議会での議員の行動において、具体的に主張される最大限の公算が存すること」（宮沢俊義「議会制の生理と病理」『憲法と政治制度』一九六八年、三六頁）を要求する意味があると解されるのである。

## VI　憲法と政党

半代表制の観念が採用され、普通選挙制がとられている議会制民主主義の下では、国民意思の議会への正確かつ忠実な反映が要請される。しかし、個々の国民の政治的意思は多種多様であり、これをこのまま反映することはもとより不可能である。そこで、国民大衆意思の中から最大公約数を抽出し、これを具体的な政策に結びつける媒介機関として政党が登場してくる。そして、国民の自由な意思の表明（表現の自由）が保障されている社会においては、それを議会に反映する政党も自由に結成されることが必要であるから（結社の自由）、そこでは、必然的に複数政党制が要求されることとなる。こうして「政党国家」と呼ばれる現象が出現してくるのである。

現代において先進民主主義国といわれる国々は、いずれもこのような意味での「政党国家」ということができる。しかし、その政党に対する基本法制は必ずしも一様ではない。ドイツ連邦共和国基本法第二一条のように積極的な政党条項を有する国家もあれば、イタリア共和国憲法第四九条のように単に政党結成の自由を規定する国家もあるし、フランス第五共和制憲法第四条のようにその中間的ともいえる政党条項を有する国家もある。もちろん、明文では政党に関して全く言及していない国家も少なくない。また、政党に関する法律レベルの規制においても、一般的な政党法を有し、その組織・運営・資金その他に関して包括的な規制をしている国家もあれば、通常の私的団体の一つとして取り扱い、政治資金等個別的な法規制をしているだけの国家もある。トリーペルの整理によれば、政党に対する国法の態度は、第一段階は「敵視」、第二段階は「無視」、第三段階は「承認及び合法化」、第四段階は「憲法的編入」の四つ段階を経るという（H.Triepel,Die Staatsverfassung und die politishen Parterien,Berlin 1928, 8ff. 美濃部達吉訳『憲法と政党』一九三四年、一頁）。これについて清宮教授は「はじめは否認しようとしたが、次にあえて妨げないという態度になり、それから諸種の法制で認めるようになり、ついに憲法上公認し、保障するようになった」という意味であるが、「これは、だいたいにおいて、多くの国のたどっている経路であるといってよかろう。ただ、現在でも、みぎの最後の段階に到達したと見られる国家は、それほど多くはない」と説明されている（清宮四郎『憲法Ⅰ〔三版〕』一九七九年、七二～七三頁）。

憲法は、第二一条で「結社の自由」を規定し、政党の設立の自由を保障している。政党は、ここに憲法上の基礎を有し、政党は、第二一条で保障されている「結社」以上のものでも以下のものでもない（芦部信喜編『憲法Ⅱ　人権⑴』六一八頁（佐藤幸治））。しかし、最高裁判所判決（最大判昭四五・六・二四民集二四巻六号六二五頁）が、「憲法は政党について規定するところがなく、これに特別の地位を与えていないのであるが、憲法の定める議会制民主主義は政党を無視しては到底その円滑な運用を期待することはできないのであるから、憲法は、政党の存在を当然に予定しているものというべきであり、政党は議会制民主主義を支える不可欠の要素なのである。そして同時に、政党は国民の政治意思を形成する最も有力な媒体であるから、政党のあり方いかんは、国民としての重大な関心事でなければならない」と述べるように、憲法は、現在の政党の役割からみて、議員の全国民代表性（四三条一項）、免責特権（五一条）のように反政党的含みのある規定がみられるけれども、「政党は、国民の政治的意思形成に関与する最も有力な媒体であるということ」を認めていると考えてよかろう。

そうしてみると憲法は、政党については、①政党は、社会的政治的領域における自由な結社である、②政党は、国民の政治的意思形成に関与する最も有力な媒体である、というように考えているということができる。もっとも、「政党は、国民の政治的意思形成に関与する最も有力な媒体である」との認識は、憲法動態上のものであって、政党の法的構造は、自由な成員に基礎をおく社会的・政治的領域に深く根ざした政治結社であると考えてよい。

政党結社の自由の原則は、「国家的干渉のない政党設立を意味し、国家に依存しない政党を要求し、また直接間接を問わず国家組織体への政党の組入れを排除する」（竹内重年「憲法と政党」法学教室七七号七頁）のであって、「政党の国家制度化」は憲法に違反すると考えなくてはならない。国家からの組織法的懸隔は政党の本質に属する。政党は、どこまでも国家に対し自律的な憲法生活の担い手でなければならない（竹内重年・前掲八頁）。

そこで、政党についての法的諸問題を考える場合には、「⑴政党は私法人または権利能力なき社団として結成され、組織されるものと解されよう。⑵政党は、その対外的関係においても対内的関係においても、私法によって規律され、他のすべての民間の権利主体と同様、国家その他の公権力の主体との関係においてのみ公法的規制をうけると解するのが妥当であると考えられる。⑶政党の特殊な憲法上の地位は、その本質上いぜんとしてまず任意的結社（結党の自由、入党の自由、政党活動の自由）たることにあり、『上部構造』にいたってはじめて強大な政治力の担い手として独自の存在構造を示すものとみなくてはならない。⑷政党はその政治的機能の点からみれば、いうまでもなく憲法規範のもとにありそのかぎりでは一種の『特別の地位』を有する存在であるが、その根底においては社会的領域に典型的な結社であることは否定できない」（竹内重年・前掲八頁）という政党の本質把握は、大いに参考となるのであろう。

# Ⅶ　国民代表をめぐる諸問題

## 一　直接選挙制・間接選挙制・複選制（準間接制）

憲法第四三条は、選挙の方法として、直接選挙制（被選挙人と選挙人との間に選挙委員を設けずに、選挙人が被選挙人（代表者）を直接に選ぶ選挙方法）を要求しているかが問題となる。第四三条第一項には、第九三条第二項が「地方公共団体の長、その議会の議員及び法律の定めるその他の吏員は、その地方公共団体の住民が、直接これを選挙する」と規定しているのと異なり「直接」という文言がないから、必ずしも直接選挙制に限らず、間接選挙制（選挙人は選挙委員を選び、この選挙委員が代表者を選ぶという選挙方法）を採用することも可能であると説く見解（宮沢俊義・芦部信喜補訂『全訂日本国憲法』一九七八年、二二五頁、三五五頁、佐藤功『註釈憲法上〔新版〕』一九八四年、六四〇―六四一頁）がある。しかし、半代表制の下における選挙民と議員（代表者）との結びつきの在り方にかんがみれば、第四三条第一項は「原則として」直接選挙制を要求していると解すべきである。ただ、「例外的に」両院制の下における第二院の存在意義という別個の憲法上の要請を考え、参議院議員の選挙については、間接選挙制を採ることも第四三条第一項に違反しないと解することができよう。しかし、このような場合であっても、複選制（代表者を別の選挙によって選ばれた代表者によって選ぶ選挙方法、例えば、選挙人によって市町村議会議員として選出された者が都道府県議会議員を選出する制度。間接選挙制とは異なるがこれに類似しているので準間接選挙制とも言われる）については、より選挙民と議員との関係が希薄となってしまうので第四三条第一項の要請を満たさないものと考えられる（宮沢俊義・芦部信喜補訂・前掲三五五頁、清宮四郎『憲法Ⅰ〔三版〕』一九七九年、二一二頁）。

## 二　職能代表制・職域代表制

職能代表制とか職域代表制とは、種々の職業の団体を選出母体として代表者を選出する選挙制度のことをいうが、このような形で選出された代表は「全国民の代表」と言えるのかが問題である。職能団体や職域を単なる選挙区の区割の方法の一つと考えれば、直ちに第四三条第一項に違反するものであると断言することはできない。しかし、職能代表については、歴史的に近代立憲主義が克服したところの「身分代表」そのものであること、論理的にも、各職能間・職域間において平等原則を侵さないような区割・定数の定め方が可能かという問題があることなどから、一般的に憲法に違反しないでこのような代表制をとることは困難であると思われる（同旨、有倉遼吉＝小林孝輔編『基本法コンメンタール憲法〔三版〕』一九八六年、一八五頁（芦部信喜）、樋口＝佐藤（幸）＝中村＝浦部『注釈　日本国憲法(下)』一九八八年、八六七頁（樋口陽一））。

## 三　政党による議員の拘束

憲法は政党に関する規定を有していないために、政党による議員の拘束は議員が「全国民の代表」であることとの関係で問題となる。

第四三条第一項を半代表の観念を含むものであると解すれば、現代国家においては政党は事実上国民の政治的意思の統合のため重要な役割を果たしているのであり、憲法もその役割を政党に期待しているものと解される。したがって、議員は政党の決定に従って行動することによって実質的に国民の代表者となりうると考えてよい（有倉遼吉＝小林孝輔・前掲一八四頁（芦部信喜））のだから、政党による党議拘束（例えば、党議に反する議決をした議員を党から除名すること）は、その拘束が事実上のものである限り第四三条第一項に反するものではない。政党の事実上の拘束は、本条の枠外にあるものと解すべきである。

これに対し、議員の政党への所属と議員としての地位を法的に結びつけ、所属政党からの除名又は脱退・移籍を原因として議員の地位を自動的に失うとする議席喪失規定を立法することは、第四三条第一項に違反するのではないかが問題となる。この問題は、拘束名簿比例代表制の採用により、議員の地位が特定の政党の名簿に登載されることにより獲得されるという一面が見られるため、特に生ずることとなった。

党籍の変更による議席喪失規定の合憲性については、説が分かれている。通説は、違憲説である（佐藤功「比例代表の憲法問題」『続憲法問題を考える』一九八三年、六一頁、樋口＝佐藤（幸）＝中村＝浦部・前掲八六五～八六六頁（樋口陽一）、浅野一郎「比例代表選出議員の党籍離脱と議員資格」法学セミナー三〇巻二号二六頁以下等）。議席喪失規定が「議員の政党所属関係を議員たる地位そのものの要件

――議員の当選要件――とするものであるが、それは議員を『政党の代表者』たらしめるものであり、『国民代表』の観念と矛盾し、四三条一項および五一条に違反するというべきであろう」（佐藤功・前掲六一頁）というのである。議席喪失規定が憲法第二一条第一項（結社の自由）による政党所属の自由を侵害するという見解（佐藤幸治『憲法〔三版〕』一九九四年、一二八頁）もある。

これに対して、合憲説は、比例代表制では候補者が政党等の届出の候補者名簿に登録されることによって当選するのであって、議員は政党代表の性格を強く持つ。したがって議員の身分取得と同様に政党からの離脱によって議員の身分を喪失するのが合理的であると説く（佐藤立夫「比例代表制と党籍変更の議席に及ぼす影響」ジュリスト九八五号九四頁、九七頁）。また、民意の議会への反映が民主主義の要請であること、比例代表制の下で政党が国民と議会をつなぐパイプとして機能することから、比例代表制がそれらの要請に見合った制度であるとし、「少なくとも拘束名簿比例代表制の下では、議員資格喪失制度を設けることは許される」と説く（戸波江二「法律学演習・憲法」法学セミナー一二八巻一一号九九頁）。

また、「拘束名簿式比例代表制であっても、党籍変更を直ちに議席喪失（ないし辞職）に結びつけることは自由委任の原則に反する疑いがあるとしつつ、自発的意思で政党から脱退した場合に比例代表選出議員が議席を失うという制度を法律で定めても憲法四三条違反とならない余地があり得ようという説（西原博史「政党国家と脱政党化」法律時報六八巻六号一六〇頁。阿部照哉「参議院比例選出議員の離党と議員資格の喪失」法学教室三二一号九九頁。なお、明確ではないが同旨、芦部信喜「比例代表制と党籍変更の憲法問題」『人権と議会政』一九九六年、三五六〜三五七頁）もある。

更に、①有権者の審判を受けている別の名簿提出政党（政治団体）に議員が移籍してしまった場合には、当該議員は議席を喪失しなければならない、②それに至らない場合（除名であれ所属政党を離脱するにとどまる場合、国民の審判を受けていない政治団体・政党に移籍する場合、あるいはまた全く新しい政党を結成する場合）には、当該議員は議員として身分を維持され得るし、また維持されなければならない、と解する説（上脇博之「国民代表論と政党国家論序説」『北九州大学開学五〇周年記念論文集』一九九七年、一頁以下）がある。

拘束名簿比例代表制の下では、選挙人は、事実上政党に対して投票しているという側面があり、この立場からは、政党で選ばれたのに当選してから党籍変更・離脱をし、しかも議員の地位を保持しているというのは、いかにも不合理であるとの感を免がれない。しかし、議員として地位を喪失するという法的な意味で拘束することは、政党所属は議員資格であると考えることになり、自由委任の原則を否定することになる。したがって、合憲説には賛成できない。

自発的な党籍変更である場合に限って議員の地位を喪失することを認めることについては、自由意思による党籍変更と議席喪失とを結びつける合理的理由が見当らない。なぜ、党籍離脱の意思が議員辞退の意思とみなされることになるのであろうか。

また、有権者の意思から離れているとみなし得るか否かによって議席喪失を認めようとする考え方については、政治的な説明であり得ても、法的説明であり得るか（全国民代表の法的意味の問題となるが）疑問である。

いずれにしても、この問題は、政党・議員の道義的・政治的責任の問題として処理されるべきものであろう（少なくとも現在の日本国憲法の下においては）。

なお、平成一二年に国会法及び公職選挙法が改正されて、衆議院と参議院の比例代表選出議員について、その議員が名簿登載者であった政党等以外で、その議員が選出された選挙において名簿届出政党等であるものに所属を変更した場合には、議員としての身分を失うこととされた。これは、前述の上脇博之説によったもののようであるが、この改正の合憲性には問題がある。詳しくは、本書第五章Ⅱ三2を参照していただきたい。

# 第二章　日本の選挙制度と政党システム

河野　武司

「選挙民の大部分がかれら自身の統治にたいして、投票しようとするほど十分な利害関心をもたないばあい、あるいは、とにかくかれらが投票しても、公共的動機によってせず、金銭で投票を売ったり、かれらを統御してる人物、または個人的理由からごきげんをとりたいとおもう人物の、指令のままに投票したりするばあいには、代議的諸制度はほとんど価値をもたず、圧制もしくは陰謀の道具にすぎないだろう。このようにして行なわれる民衆的選挙は、まちがった統治にたいする安全保障とはならず、かえってそういう統治機構への、もう一つの車輪の追加にすぎない。[1]」 —— John Stuart Mill, *Considerations on Representative Government*, 1861.

# I　はじめに —— 代議制民主主義と政党・選挙制度

わが国と同じく、国民自身が選挙で選んだ代表を通して自らの意思を間接的に国家の政策決定とその執行に反映させようという代議制民主主義（間接民主制、representative democracy）をその統治システムとして採用している国は年々増加している。民主主義研究の第一人者として知られるアメリカの政治学者ダール（Robert A. Dahl）によれば、[2]一九九〇年時点で、世界一九二ヵ国中六五ヵ国において男子普通選挙ないしは普通選挙を制度的前提とした民主主義的統治システムが採用されている（図1参

**図１　男子ないしは男女普通選挙を実施している民主主義国家の変遷（1850-1995）**

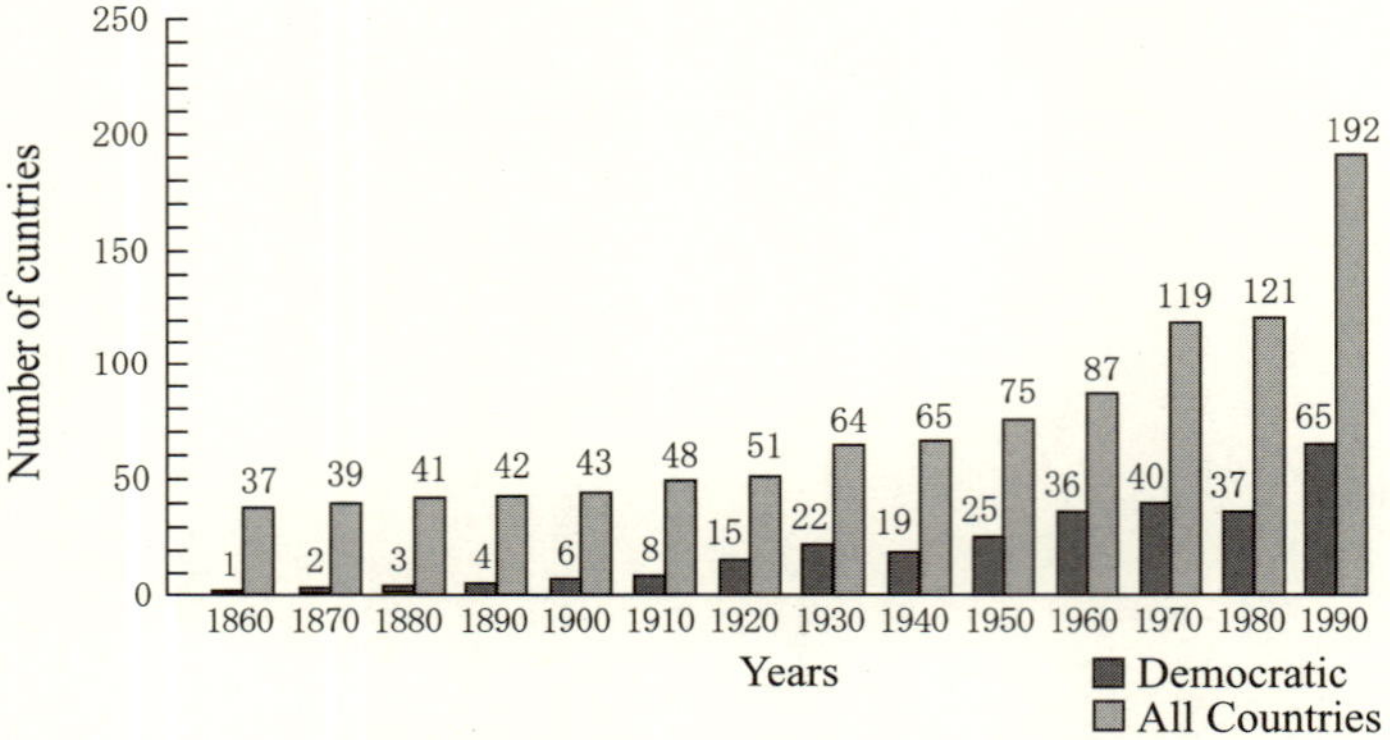


（出典） Robert A. Dahl, *On the Democracy*, Yale University Press, 1988, p.9. より。

照）。全体の約三〇%である。統計が採られた最初の一八六〇年の三七ヵ国中一ヵ国（約三%）から比較すると約一〇倍の伸びである。代議制民主主義が、様々な統治システムと比較して最も良い統治システムであるか否かは別として、代議制民主主義のもたらす恩恵が世界中にますます広がっていることは確かであろう。

この代議制民主主義という統治システムの歴史はあまり長くない。「多数の支配」として知られる民主主義の初期の形態は、純粋民主主義とも言われる直接民主制（direct democracy）であった。紀元前五世紀中頃の古代ギリシアの都市国家アテネで、ペリクレス（Perikles）の時代に出現したそれが典型として今日知られている。そこでは「エクレシア（ecclesia）」と呼ばれた「民会」という最高議決機関に、二〇歳以上の男子市民が一同に会して自らの未来を自身の手で決定していたという。

現代のデモクラシーは、直接民主制とは異なり代議制民主主義の形態をとっている。人口の増大や統治規模の拡大により国民全員が直接的に意思決定の場に参加できなくなった近代において、一七世紀末から近代市民革命の成果として、議会制度と共に発展した民主主義の一形態である[3]。代表制民主主義とか議会制民主主義とも言われるが、いずれにしても国民が自由で公正な選挙の下に、自らの意思によって選んだ代表を通して政治に間接的に参加する形態である。また政治のプロである政治家と、政治には素人である国民との間に成立する一種の分業形態と言ってもよいであろう。

一つの政治社会を統治するシステムとしての代議制民主主義の最大の特徴は、「被支配者による支配者のコントロール[4]」を可能にしている点である。その点において最も重要な制度が代表を選出するために行われる選挙に他ならない。個々の市民の自発的かつ積極的な選挙への参加を前提としながら、市民社会の維持・改善の仕事に相応しい能力と見識をもった少数の代表なりグループを一定の期間毎に選び直せる機会が、年齢や居住期間といった合理的な制限条項を除いて、広く国民に保障されていなければならないのである。

しかし今日、広く多くの国民に選挙権を与えるという普通選挙（universal adult suffrage）であるという点は共通しているにせよ、各国間で代議制民主主義の生命線となっている代表の選び方を規定した選挙制度は、すなわち民意を議席に変換する方法は必ずしも同じとは言えない。それには様々なバリエーションが存在している。また選挙制度によってある程度規定されることになる政党の配置状況、すなわち政党システムにも様々なパターンが見られる。

多様な利益が錯綜する現代社会において、社会各層における様々な利益の政治への反映において、中心的な役割を果たしているのが、選挙によって選ばれた代表を主要な構成員とする政党である。E・バーカー（Ernest Barker）によって「社会と国家の架け橋」[5]と評された政党の存在は、選挙制度と並んで、代議制民主主義を駆動させる両輪の輪と言ってよいだろう。しかし、選挙制度と政党だけが代議制民主主義の原動力ではない。今日のような大規模化かつ複雑化した社会において、マス・メディアの存在は欠かせない。マス・メディアは、多くの市民が政治に限らず社会における様々な動きを知る上での主要な情報源となっている。「被支配者による支配者のコントロール」を確かなものとするためには、当然政党をはじめとする支配者の動きに関する情報が十分に存在していなければならないからである。代議制民主主義は情報に通じた市民の主体的な政治参加を前提としているのである。

民主主義がその決定方式として投票という制度を採用している以上、数というものが重要な要因となる。選挙で選ばれた代表を通して国民の間にある様々な利益は政治に反映されることになるが、議会における個々の議員によるバラバラの単独行動が議決に対して及ぼす影響力は低い。そこでは組織化された集団行動が必要となるのである。数を確保するために議員は集まる。それが政党に他ならない。そして政党は、国民から選ばれる代表によって構成される政権獲得を目的とするチームとして機能する(6)。

どのような利益を代表した政党が議席を獲得できるかは、ある程度選挙制度のあり方によって左右される。しかし一方で、政党システムのあり方によって選挙制度も規定されることは確かである。両者の関係は一方通行のものではなくて、相互依存関係にある。わが国では、最近一九九四年にこのような民意の代表のされ方を大きく規定する選挙制度を変更した。そこで本章では、新たにわが国に導入された衆議院議員選挙の方法である小選挙区比例代表並立制の導入の経緯を概観した後、その制度的問題点と、それがもたらすであろう新しい政党システムについて考察しよう。

## Ⅱ　新選挙制度導入の経緯

日本政治には、一九八八年六月に竹下登内閣の下で発覚したリクルート事件(7)を大きなきっかけとして、その後六年にわたって政治改革の嵐が吹き荒れた。国民の間に広がっていた政治不信をさらに深めて政治改革への圧力を強めたのは、一九八九年四月からの消費税導入や一九九一年に相次いで発覚した共和事件(8)、東京佐川急便事件(9)などであった。一九八〇年代後半からの政治改革の嵐は、現象的には政党の離散集合や新党の結成などの政界再編や、一九九三年七月の第四〇回総選挙による一九五五年以来三八年間続いた自民党の長期政権を崩壊させ、非自民七党一会派による細川護熙連立政権を誕生させた。一方、制度的には、一九九四年三月に成立した政治改革関連四法に帰結する。政党本位・政策本意の選挙制度を導入するための改正公職選挙法、衆議院議員選挙区画定審議会設置法、政治腐敗の除去を目的とする改正政治資金規正法、政党助成法の四法の成立である。(10) 特にその中でも最大の問題となったのが選挙制度改革であった。新しい選挙制度を巡る議論の過程においては、改革を急ぐ改革派と改革を先送りしようとする守旧派のせめぎ合いの中、単純小選挙区制、比例代表制、さらには両者の組み合わせのバリエーションである小選挙区比例代表併用制、(11) 小選挙区比例代表連用制、(12) 小選挙区比例代表並立制と様々な案が提案された。

もちろん選挙制度を抜本的に変更しようとする試みは、今回が初めてというわけではない。五五年体制以降、中選挙区制に替えて小選挙区制を基軸とする選挙制度を導入しようとした試みは、過去二度ほどあった。五五年体制成立直後の鳩山一郎内閣及び七〇年代初期の田中角栄内閣の時である。この過去の試みが結局日の目を見なかったのは、両者ともに党利党略的な色彩が強かったためである。五五体制成立前後の過度期にあって鳩山は憲法改正に必要な議席獲得を目指して、七〇年代初頭における共産党の躍進という状況下で田中は自民党の勢力拡大と安定のために大きな政党に有利となる可能性の高い小選挙区制を基軸とした選挙制度へ替えようとした。しかしその党利党略性に対する広範な批判が[13]、変更を阻止したのである。

選挙制度の変更は、すべての政党に等しく影響をもたらすわけではない。有利になる政党もあれば不利になる政党もある。数の論理から言えば、議会で多数を占める政党に有利になるように変更がなされると考えるのが自然であろう。それだけに選挙制度の変更には野党の抵抗など大きな困難がつきまとう。それにも拘わらず今回、選挙制度の変更が可能となったのは、政治改革の嵐の中で「何が何でも政治改革をしなければならない」という盲目的とも言える熱狂的な政治改革への国民的合意がその前提として成立していたからに他ならない。多くの国民にとって民主政治の根幹である選挙制度の変更が将来どのような帰結をもたらすかについて、明確に意識していた国民はそれ程多くはなかったであろう。しかし、国民にとってはその帰結は別として、政治改革においてはその象徴として選挙制度の変更という制度改革が最も分かり易かったのである。また政党の立場からすれば、改革に反対することから「守旧派」というレッテルを貼られることによるダメージの方が、選挙制度を変更することから生じるかもしれない議席変動の不確実性に対する不安よりも大きかったというわけである。選ぶ側と選ばれる側の思惑が一致した結果が、新選挙制度の導入であった。

一九二五年の男子普通選挙の導入と共に、永く日本の選挙制度であった中選挙区制[14]に替えて新選挙制度として最終的に導入されたのは、一九九四年一月の細川護熙首相と河野洋平自民党総裁との間の合意の下、一九八九年に宇野宗佑内閣によって設置された第八次選挙制度審議会が原案を提出した小選挙区比例代表並立制であった。選挙でお金の掛かりすぎる中選挙区制が、政治腐敗の最大の原因の見なされた。また中選挙区制は定数是正の問題⒂とともに、一九五五年以来の自民党による長期政権維持を可能とした制度的一因ともされた。一つの選挙区で複数の代表を選出するにあたって、得票の多い順に定数までの候補者が当選者となるこの中選挙区制では、自民党に逆風が吹いているような選挙の時でも自民党の候補者は当選順位が下がることはあっても、多数が落選するということはなかったからである。小選挙区制のようなドラスティックな議席の変化は、中選挙区制においてはなかなか見られない。このように政権交代がないという緊張感の欠如は、政治的腐敗の構造化による「制度疲労」を招いたとされたのである。

一三〇前後の選挙区から五〇〇人前後の議員を選出しようとした中選挙区制において、過半数以上の議席を獲得するためには、同一の政党から同じ選挙区において複数の候補者を擁立する必要があった。一人の有権者は一人の候補者の名前しか書けないという単記制を採用していたため、異なる有権者から支持を調達しなければならない同一選挙区内の同じ政党の複数候補者は、選挙における最大の選択基準であるはずの政策は同じであることから、その他の方法で、すなわち有権者に対する政策以外のサービスの提供で相対的多数の票を競わなくてはならなかった。そのために、代議制民主主義を維持していくための経費とは別のコストが必要以上に掛かることになったのである。

また、五五年体制下において過半数の議席を獲得するために必要な候補者の頭数を揃えることができたのは、結局自民党だけだったのである。一九九〇年二月の第三九回総選挙は、消費税やリクルート問題による追い風が吹く中、前年七月の第一五回参議院選挙において大勝した社会党にとっては政権獲得ないしは党勢のさらなる拡大に絶好のチャンスであったはずである。それにも拘わらず社会党が擁立できた候補者の数は、結局一四九人でしか過ぎなかった。

候補者の個人的努力ではなく、政党と政党の争い、すなわち政策（各党の主張することの相違）によって選挙が競われるようにするためには、個人対個人ではなく党対党の選挙戦になり易い小選挙区制か比例代表制が適している。しかし、どのような選挙制度を採用するかで、大きく政党の消長は左右される。小選挙区制は規模の大きな政党に有利となるが、議席に反映されない票、すなわち死に票が多くなる。しかし、誰にどの政党に政治の舵取りを委せるかといった民意の統合という側面で、アドバンテージを持つ。また、政権交代をもたらし易い。一方、比例代表制では規模の小さな政党でも比較的に議席を獲得し易い。しかし、そのことは同時に小党分立をもたらし易いということでもある。一つの政党による過半数の獲得は困難となり、政権の形態は単独ではなく複数の政党から構成される連立政権となる可能性が高い。そこでの問題は選挙後に行われる連立政権の形成と内閣総理大臣の選出に、国民の意思がどのように反映されるかということである。連立政権の形成には、国民の意思とは乖離した、政党間の力学が優先されることが多い。細川内閣にしても村山内閣にしても、結局非自民による政権の獲得や自民党の政権への復帰という理由から、比較第一党ではない政党から内閣総理

**表１　第41回総選挙における選挙前と後の各党議席数**

| | 自民 | 新進 | 民主 | 共産 | 社民 | さきがけ | 民改連 | 自由連 | 新社会 | 諸派 | 無所属 |
|---|---|---|---|---|---|---|---|---|---|---|---|
| 選挙前 | 211 | 160 | 52 | 15 | 30 | 9 | 2 | 2 | 2 | 1 | 9 |
| 選挙後 | 239 | 156 | 52 | 26 | 15 | 2 | 1 | 0 | 0 | 0 | 9 |

＊　選挙前の総定数は511で、欠員が18あった。新選挙制度における総定数は500である。なお2000年１月の改正によって定数は480となっている。

大臣は選出された。

このような長所と短所が議論される中、様々な妥協の末、差し当たりは各党の勢力比をあまり変えないことを前提としながら、小選挙区制と比例代表制をまさに並立させた小選挙区比例代表並立制（総定数五〇〇議席）という選挙制度が、一九九四年に導入されたのである。

一九九六年一〇月の第四一回総選挙は、この選挙制度の下で実施された初めての衆議院議員選挙となった。選挙前と選挙後の各党の議席数は表１の通りである。そこで選挙前と選挙後で各党の議席数に統計学的に見て有意な変化があったか否かを、ウィルコクスンの符号付き順位検定を用いて両側検定してみると、検定統計量はZ＝－0.771で、その時の正確有意確率は0.477となった。(16) つまり選挙前と後で議席数には統計学的に意味のある変化はなかったということがわかる。まさに導入の前提であった各党の勢力比はあまり変えないという要請は果たされたと言えよう。

# Ⅲ　新選挙制度の制度的諸問題

## 一　選挙の争点とはならなかった小選挙区比例代表並立制

選挙制度の変更自体には前記のように、それなりの合理性があったことは確かである。理想的に運営されれば、選挙における競合の単位が個人から政党へ、量的なサービスから質的な政策へと移行し、従来よりもお金が掛からなくなることは確かである。また自民党の一党優位体制の存続に寄与してきた中選挙区制よりも、政権交代の可能性は高いのがこの選挙制度である。しかし、この変更には大きな疑義が存在する。それは、われわれ国民がどのような未来を選択するかの根幹に係わる選挙制度の変更自体が、われわれ国民の直接的な審判を仰いでいないという点にある。導入の過程において、選挙制度の変更自体が選挙の争点となったことは一度もない。

ちなみに筆者は、有権者の政治意識や投票行動を解明すべく一九九六年一〇月の第四一回総選挙後に故公平愼策杏林大学社会科学部教授と共同で全国の一八歳以上の市民を対象として実施した世論調査で、(17)「今回の選挙から導入された新選挙制度について、あなたはどのようにお考えですか」という質問をした。その回答の中では、「前の中選挙区制の方かよかった」と答えた人が最も多く五六・九％であった。一方で「新しい選挙制度である小選挙区比例代表並立制はよかった」と答えた人は、七・四％にしか過ぎなかった。ちなみに「完全な小選挙区制の方がよい」とした人は二一・四％、「完全な比例代表制の方がよい」とした人は七・五％であった。もちろんこの調査が選挙後の調査であり、以下に述べるような様々な批判を新聞やテレビをはじめとするメディアから聞かされた上での調査であることを割り引いて考えなければならないことは確かである。しかし、このように中選挙区制の方がよいとする人が過半数以上を占める中で、もし小選挙区比例代表並立制の導入の是非を争点とする選挙が実施されていたならば、果たして国民にすんなりと受け入れられていたか否かは疑問である。少なくとも何らかの大きな修正を施さなければならない事態に追い込まれていたことは確かである。

## 二　ブロック制

さて小選挙区比例代表並立制は、小選挙区制と比例代表制という二つの選挙制度を組み合わせたものである。導入時においては、総定数五〇〇人の衆議院議員を、三〇〇の選挙区からなる小選挙区と、全国を一一ブロックに分けそれぞれで合計二〇〇人の議員を比例代表区で選出しようというものであった。前者において民意の統合を果たし、一方後者において民意の反映という機能を担わせようとしたのである。このような選挙制度の最大の特徴は、これまでの中選挙区制が一つの選挙区において複数の代表を選出するにも拘わらず単記制であったのに対して、一人の有権者は二票を投じるという一人二票制にある。有権者はまず小選挙区において候補者個人の名前を書き、次に比例代表区において政党の名前を書いて投票する。この仕組み自体は参議院で一九八三年の第一三回選挙から採用された選挙制度とそれ程変わりはない。しかし衆議院の新選挙制度においては、小選挙区で立候補すると同時に比例代表の部分でも候補者となれる、すなわち重複立候補を可能とした点が大きく異なる。政党は重複立候補者に関しては同一の順位で名簿に記載でき、最終的な順位は各重複立候補者の小選挙区における結果、すなわち惜敗率（重複立候補者の得票数／当選者の得票数×一〇〇）の高い順に自動的に付けられることになる。

また全国を一一のブロックに分け、それぞれで比例代表の当選者をドント式を用いて確定し、その合計を最終的獲得議席数とする仕組みは、全国を一つの比例区として半数改選の下で五〇人（現在は四八人）を選出する参議院の制度とは異なる（各ブロックに割り当てられた定数については、表2参照）。なお比例代表における総定数は二〇〇〇年一月下旬に召集された第一四七通常国会の冒頭で成立した改正公職選挙法によって二〇〇議席から一八〇議席に削減された結果、各ブロックへの配分数も表2の下の段の数字となった。二〇〇〇年六月の第四二回総選挙は、この新定数四八〇で実施された。

**表2　各ブロックの定数**

| | 北海道 | 東北 | 北関東 | 南関東 | 東京 | 北陸信越 | 東海 | 近畿 | 中国 | 四国 | 九州 | 合計 |
|---|---|---|---|---|---|---|---|---|---|---|---|---|
| 旧 | 9 | 16 | 21 | 23 | 19 | 13 | 23 | 33 | 13 | 7 | 23 | 200 |
| 新 | 8 | 14 | 20 | 21 | 17 | 11 | 21 | 30 | 11 | 6 | 21 | 180 |

全国を一一のブロックに分割し各ブロックに定数を分散させたことが選挙結果に及ぼす最大の影響は、比例代表制でありながら、少数勢力による議席の獲得を困難にしていることにある（表3参照）。一九九六年一〇月の第四一回総選挙では、自民党、新進党、民主党、共産党、社民党の五政党のみがそれぞれ、七〇、六〇、三五、二四、一一議席を獲得した。さきがけは全国合計では五八二、〇九三票と滋賀全県の比例区の投票数五八五、一〇三票とほぼ同じ票を獲得したが、一議席も配分されなかった。ちなみに各政党の全国合計の得票数をもとに全国一律としてドント式で二〇〇議席を配分してみると、さきがけは二議席を獲得できる。またブロック制の下では議席を獲得できなかった新社会党、自由連合もそれぞれ三議席と一議席を獲得する。それに対して自民党、新進党、民主党、共産党、社民党の獲得議席数は六六、五七、三三、二六、一三となり、大きな政党の獲得議席欲は減少する一方で、小さな政党の獲得議席数は増大することが分かる。

このような単純な数字の比較からも、新選挙制度は比例代表制を採用しているにも拘わらず、比例代表におけるブロック制という少数派による議席獲得を困難とする仕組みが組み込まれており、やはり小選挙区制を基軸とした選挙制

**表３　各党の比例区における獲得議席数**

| | 自民 | 新進 | 民主 | 社民 | 共産 | さきがけ | 自由連合 | 新社会 |
|---|---|---|---|---|---|---|---|---|
| ブロック旧定数 | 70 | 60 | 35 | 11 | 24 | 0 | 0 | 0 |
| 全　国　一　律 | 66 | 57 | 33 | 13 | 26 | 2 | 1 | 3 |
| ブロック新定数 | 64 | 56 | 27 | 11 | 22 | 0 | 0 | 0 |

度であることを指摘できる。

さらに比例区における定数削減はこのような傾向に拍車を駆けるものと言ってよいだろう。表3の下段の数字は、第四一回選挙の結果を基に、新定数一八〇によって各党の獲得議席数をシミュレートしたものである。どの政党の獲得議度数も一様に減少するが、割合としては小さな政党の減少率が大きいことが分かる。もちろん、さきがけなどのより小さな政党にはさらに議席獲得のチャンスは減少する。

本章注（11）において、ドイツでは基本的に比例代表の選挙結果で議席が各政党に割り振られると指摘した。しかし、さらにドイツでは、五％未満の票しか得票できなかった政党には議席を割り振らないという「五％の阻止条項」を設けることで比例代表を基軸とする選挙制度であっても小党分立となることを回避し、長い間、キリスト教民主・社会同盟、社会民主党、自由民主党の三党システムが維持されてきた。第二次世界大戦前のワイマール期における比例代表選挙での小党分立がその後の多大な災禍を招いたという反省から、このような措置がとられた。日本においては、ドイツのように明示的な阻止条項という数値要件ではなく、比例代表の部分にブロック制を採用することによって暗黙に小党分立になることを回避したものだと言える。

## 三　重複立候補

新選挙制度に対する最も大きな批判は、重複立候補の制度に向けられている。そもそもこの制度自体は、小選挙区で僅差で落選した候補者を比例代表区で救済することを目的としたものだが、小選挙区で落選しても、比例代表の方で当選できる余地を残したこの制度に対しては、当初から感情的な批判が投げかけられていた。落選という形で明確に有権者の代表として不適格であるとされた人間が何故別の制度の下では当選し国民の代表となれるのか、という素朴な疑問である。この制度による最初の選挙であった一九九六年の第四一回総選挙においても、八四人の候補者がいわゆる復活当選を遂げた。このような復活組は、「ゾンビ議員」とか「三等議員」とか揶揄されている。(18) しかし、小選挙区制における最大の問題点を死に票の多さに求めるならば逆に、その死に票の救済という観点からは、重複立候補による復活当選は是認されうるのではないだろうか。候補者を救済するのではない。落選した候補者に投じられた多くの票、すなわち民意を救済する制度が重複立候補に他ならない。(19) 奈良四区の田野瀬良太郎議員のように重設立候補者であることをライバル立候補者から攻撃されたことなどを理由として復活当選を当初辞退しようとした議員もいたが、議員自身が復活当選を問題視したり、当選の仕方によって序列を付けたりするような意識を払拭しない限り、重複立候補の制度が持つ可能な限り正確に民意を政治に反映させるという民主的な意義は国民になかなか理解されないだろう。

さて、九六年の第四一回総選挙で各党が比例代表選挙に擁立した候補者数は合計で八〇八人であった。その内小選挙区との重複立候補者は五六六人にのぼる。重複立候補の制度がなければ、各党は合わせて五六六人の候補者を別に擁立しなければならなかった勘定である。果たしてそれだけの候補者を揃えられる政党がどれだけあるであろうか。資金や人材の面から言っても、かなりの無理が生じるだろう。重複立候補の制度を廃止することは、大きな政党に有利になっても小さな政党には不利とならざるを得ない。

また、前述したように二〇〇〇年一月に召集された第一四七通常国会冒頭において、公職選挙法が改正され、比例代表区における議員定数が二〇削減され一八〇になったことに続き、五月にはさらに国会法の改正も合わせ六項目にわたる是正措置がなされた[20]。その中でも重複立候補の制度に対する様々な批判から、復活当選を小選挙区における得票が有効投票数の一〇分の一以上の候補者に制限したことなどは、小さな政党による議席獲得をさらに難しくしている。確かに並立制で最初となる第四一回総選挙においては、小選挙区において有効投票数の六分の一という法定得票数に達しなかったものの比例区での復活当選を果たした者が、一〇名ほどいた。その中には、まさに有効投票数の一〇分の一も獲得できず、三〇〇万円の供託金を没収された者三名も含んでいる。

しかし、復活当選を制限することの根拠は非常に曖昧である。「小選挙区での得票数が一定の基準を超えられないようでは、国民の理解は得られない」との指摘(21)に見られるように、どちらかというと感情的な反対といってよい。小選挙区を主とし、比例代表区を従とする観点からこの問題を考えるからこそ、このような誤解が生じるのではないだろうか。そもそも民意の統合を主要な機能とする小選挙区制と、民意の反映を主要な機能とし規模の小さな政党にも議席獲得の余地を残そうとする比例代表制を並立させたそもそもの原点に返り、この問題を熟考すれば、このような感情論的反対は生じないはずである。比例代表での議席の獲得に重点を置かざるを得ない小さな政党の立場からこの問題を考えてみれば、違った見方が出てくるはずである。比例代表を重視する政党や有権者にとってみれば、比例区が中心であって、小選挙区での勝ち負けはほとんど関係ない。

このように考えた時、ではそのような政党は小選挙区には候補者を立てないで、比例区のみに専念すればよいではないかという意見が出てくるかもしれない。しかし、小選挙区におけるある政党の候補者がどれだけ得票できるか否かは別として、小選挙区における候補者擁立が比例代表区におけるその政党の得票数に、プラスの効果をもたらすことは明らかであろう。小選挙区における候補者の選挙運動が、その選挙区の有権者におけるその政党の認知度を高め、比例区における得票につながることは否定できないだろう。つまり得票の最大化を目指す政党の一つの集票戦術としては、当選の可能性は低くても比例区における得票のプラスアルファを期待して、小選挙区に候補者を擁立するということは当然あり得るのである。

しかし、復活当選の制限は、一つの集票戦術として重複立候補を用いることをかなり難しくする。各政党はある程度の得票を期待できる者しか、重複立候補者とすることができないからである。そのため小選挙区での候補者擁立がもたらす比例区への集票効果を少しでも期待する政党は、小選挙区と比例区とにそれぞれ別の候補者を擁立しなければならないことになる。このことは資金や人材が潤沢な政党は別として、そうではない小さな政党にとっては大きな負担となることは間違いない。またそのような負担に耐えられないより小さな政党においては、重複立候補という集票戦術を放棄せざるを得ず、結果として比例区における得票は、小選挙区に候補者を擁立していた場合と比較して多少なりとも少なくなってしまうという可能性が存在するのである。復活当選の制限の存在が、大きな政党の獲得議席数に影響を及ぼすことはほとんどないであろうが、このように小さな政党にとってみれば、獲得議席数の減少に繋がることはあっても、増大に繋がることはないと言っても過言ではないだろう。

例えば、第四一回総選挙の直前の九月に結党された民主党は、その選挙で一四三の小選挙区において候補者を擁立した。この一四三小選挙区における民主党の比例区における得票数の平均は、三九、一六五票であった。一方候補者を擁立しなかった残りの一五七小選挙区における比例区の平均得票数は、二一、三二八票でしか過ぎない。両者の間に差があるか否かを平均値の差の検定を用いて分析してみると、検定統計量は t 値＝13.248 で有意確率 p ＝ 0.000 となり、両者の差は一％水準で統計的に有意であった。小選挙民に候補者を擁立するか否かで、比例区における得票が異なる、つまり両者の間には統計的に約二倍弱の有意な差があることが分かる。

上記の分析をもってして小選挙区候補者擁立による比例区での集票効果の存在を主張することには、もともと民主党は比較的に得票が期待できる小選挙区のみに候補者を擁立したか否かの差を反映しているだけに過ぎないという批判が出るかもしれない。そこで小選挙区で候補者を擁立したものの、必ずしも強いとはいえない小選挙区（ここでは平均三九、一一八五から標準偏差一三、八七九を引いた数字二五、二八六よりも低い得票しかできなかった選挙区と操作的に定義した。これに該当するのは三〇小選挙区である）の比例区での得票との比較も行ってみた。当該三〇小選挙区における比例区の得票の平均は二六、四九二票であり、それはやはり候補者を擁立しなかった小選挙区における比例区の得票平均二一、三一八票よりも五、〇〇〇票以上多い。統計学的にもその差は一％水準で有意である（t値＝3.076，p＝0.002）。やはり小選挙区候補者擁立による比例区での集票効果は存在すると言ってもよいであろう。

これまでの検討から明らかなように、第一四七通常国会における比例区の定数削減や重複立候補による復活当選の制限などの公職選挙法の改正は、総じて小さな政党には不利な改正であったと結論できるだろう。

# Ⅳ　選挙制度とレイプハルト基準

## 一　民意と議席の比例性

オランダ生まれの政治学者で多極共存型デモクラシー論の研究者として著名なレイプハルト（Arend Lijphart）は、選挙制度を「市民の投票を議員の議席に変換するための諸方法のセット」と定義している。[22] すなわち選挙制度は、社会に存在する多様な利益を国家としての意思決定をなす議会における議席数の違いをもってして政治に反映させる方法に他ならない。

レイプハルトは民意が議席にどのように反映されるかで、選挙制度の形態を三つに大別する。多数制（majority systems）と比例代表制（proportional systems）、及び準比例代表制（semi-propotional systems）である。[23] もちろんそれぞれはさらに多様なサブ・カテゴリーを持つ。得票率の割合と議席率の割合が、比較的にパラレル（proportional）なのが比例代表制であり、逆にその乖離が著しい（dis-proportional）のが多数制である。例えば、多数制の典型として知られる単純小選挙区制では得票率と議席率との間には、三乗比の法則が成り立つことが報告されている。[24] 準比例代表制は、その中間に位置する。日本のこれまでの衆議院選挙の選挙制度であった中選挙区制が、この例として挙げられる。

選挙制度が民意を議席に変換する具体的な方法であるとするならば、それに先立ち、どのように変換するのかという点に関する理念がある。それは、多数代表法と少数代表法という考え方である。多数代表法とは、集団の中の多数派の意思を最大限尊重しようというものである。一方で少数代表法とは、少数派の意見もなるべく議席に反映させようという考え方である。

多数代表法を具現する選挙制度としては、多数制、特にその様々なバリエーションの中でも単純小選挙区制をその典型として挙げることができる。一方、比例代表制は、選挙における得票率に応じて各勢力に代表の数を配分するという点から、少数派でも代表を議会に送れる可能性が高く、少数代表法の理念を最も具現化する選挙制度として知られている。両者の差は、別の言い方をすれば、選挙に政治的リーダーの選出という機能、すなわち民意の統合を重視するか、多数派の横暴を防止し、国民各層の規模に比例しつつその利益の擁護・促進といった機能、すなわち民意の反映を重視するかといった問題とも言える。(25) ある国でどのような選挙制度が採用されているかは、上記の理念とまったく無縁ではない。

## 二　選挙制度識別の基準

レイプハルトは、一九四五年から一九九〇年までの間に分析の対象とした二七の民主主義諸国家で、七〇の選挙制度を識別している。[26] その識別の基準としてレイプハルトが挙げたのが、次の四つである。

①　選挙の形態（the electoral formula）

②　選挙区の定数（the district magnitude）

③　当選に必要な最低得票数（the electoral threshold）

④　議会の総定数（the size of the representative body）

①選挙の形態については、既に前で述べた通りである。まさに最も基本的な識別の基準である。小選挙区制から比例代表制へ、またその逆などが最もドラスティックな変更となる。④議会の総定数は、今まで選挙制度研究において比較的に考慮されてこなかった変数ではあるが、プロポーショナリティ（比例性）や政党システムに影響を及ぼす変数として、特にレイプハルトがその重要性を指摘したものである。

では、何をもってして選挙制度が変わったとするのであろうか。選挙制度が変わったこと、新しくなったことがどの程度プロポーショナリティに影響を及ぼすかが、評価の基準となる。①選挙の形態の変更については、特に多くを述べる必要はないだろう。小選挙区制から比例代表制への変更など、明白である。この場合プロポーショナリティは、向上する。逆の方向の変更ではプロポーショナリティは低下する。では、②〜④についてはどうであろうか。レイプハルトはこれについては、二〇%ルールを提唱している。つまり、①の形態における変更がなくても、②〜④の点に関して、二〇%を超える増減があったならば、比例性に大きな影響を及ぼし、選挙制度は変わったと見做そうというのである。②の選挙区の定数と④の議会の総定数については、その数字が増加すればプロポーショナリティも増加するという関係にある。③の当選に必要な最低得票数は低下すればプロポーショナリティは増加するという関係にある。

## 三　レイプハルト基準と九〇年代日本の選挙制度改革

上記のようなレイプハルトの基準から、九〇年代日本における選挙制度の変更を評価してみよう。既に述べてきたように九〇年代日本においては、大きな選挙制度改革が二度なされた。九四年の中選挙区制から小選挙区比例代表並立制への変更と、二〇〇〇年における比例代表区の定数削減である。九四年の改正は、中選挙区制から小選挙区比例代表並立制への変更という①の選挙形態についての変更である。小選挙区の部分に定数が多く配分され、比例代表の部分にはブロック制が導入されたことによって、ある程度の規模を持つ政党でなければ議席を獲得することを困難としていることから、中選挙区制と比較してプロポーショナリティは低下したと言えるであろう。

二〇〇〇年の改正では、比例代表の部分の総定数を二〇〇議席から二〇〇議席削減し、一八〇議席とした。レイプハルトの基準に照らし合わせると、④の総定数の変更にあたるだろう。その削減率は一〇%であり、二〇%未満であることから、プロポーショナリティという観点からは選挙制度は本質的には変わってないということになる。しかし、比例代表の部分の定数削減については、当初五〇議席減らして一五〇議席にしようという提案が自由党を中心になされた。これは二〇%を五ポイントも越える二五%の削減となるので、小選挙区比例代表並立制という選挙の形態には変更はないが、プロポーショナリティを低下させる変更として、レイプハルトの基準からすれば本質的に別の選挙制度とする案であったと言えるのである。

## V　日本の過去の選挙制度と政党システム

様々な選挙制度がどのような政党システムをもたらすかに関しては、有名な「デュベルジェの法則」というものがある。政党システムは選挙の結果に他ならないが、選挙の結果は一方で選挙制度の特徴を反映している。政党システムと選挙制度は「永久に結び合わされており、またしばしば分析に

## 選挙制度と総選挙結果

| 議席獲得政党 | 議席 | 議席獲得政党 | 議席 | 議席獲得政党 | 議席 | 議席獲得政党 | 議席 | 議席獲得政党 | 議席 | 議席獲得政党 | 議席 | 議席獲得政党 | 議席 | 議席獲得政党 | 議席 |
|---|---|---|---|---|---|---|---|---|---|---|---|---|---|---|---|
| 立憲改進党 | 46 | 諸派・無所属 | 50 | | | | | | | | | | | | |
| 立憲改進党 | 37 | 独立倶楽部 | 32 | 諸派・無所属 | 54 | | | | | | | | | | |
| 立憲革新党 | 37 | 国民協会 | 27 | 諸派・無所属 | 67 | | | | | | | | | | |
| 立憲革新党 | 41 | 国民協会 | 30 | 諸派・無所属 | 80 | | | | | | | | | | |
| 国民協会 | 29 | 諸派・無所属 | 63 | | | | | | | | | | | | |
| 国民協会 | 21 | 諸派・無所属 | 35 | | | | | | | | | | | | |
| 帝国党 | 17 | 諸派・無所属 | 73 | | | | | | | | | | | | |
| 帝国党 | 17 | 諸派・無所属 | 99 | | | | | | | | | | | | |
| 帝国党 | 19 | 自由党 | 18 | 諸派・無所属 | 119 | | | | | | | | | | |
| 大同倶楽部 | 29 | 猶興党 | 29 | 無所属 | 63 | | | | | | | | | | |
| 中央倶楽部 | 30 | 無所属 | 47 | | | | | | | | | | | | |
| 中正会 | 33 | 立憲国民党 | 27 | 大隈伯後援会 | 12 | 無所属 | 48 | | | | | | | | |
| 立憲国民党 | 35 | 無所属 | 60 | | | | | | | | | | | | |
| 立憲国民党 | 29 | 無所属 | 47 | | | | | | | | | | | | |
| 立憲政友会 | 102 | 革新倶楽部 | 30 | 諸派・無所属 | 69 | | | | | | | | | | |
| 実業同志会 | 4 | 革新党 | 3 | 無産政党 | 8 | 諸派・無所属 | 18 | | | | | | | | |
| 国民同志会 | 6 | 革新党 | 3 | 無産政党 | 5 | 諸派・無所属 | 5 | | | | | | | | |
| 革新党 | 2 | 無産政党 | 5 | 諸派・無所属 | 12 | | | | | | | | | | |
| 昭和会 | 20 | 国民同盟 | 15 | 社会大衆党 | 35 | 諸派・無所属 | 30 | | | | | | | | |
| 昭和会 | 19 | 国民同盟 | 11 | 東方会 | 11 | 社会大衆党 | 37 | 諸派・無所属 | 34 | | | | | | |
| | | | | | | | | | | | | | | | |
| 社会党 | 92 | 日本協同党 | 14 | 共産党 | 5 | 諸派 | 38 | 無所属 | 81 | | | | | | |
| 社会党 | 143 | 国民協同党 | 29 | 共産党 | 4 | 諸派 | 25 | 無所属 | 13 | | | | | | |
| 社会党 | 48 | 国民協同党 | 14 | 共産党 | 35 | 労働者農民党 | 7 | 諸派 | 17 | 無所属 | 12 | | | | |
| 右派社会党 | 57 | 左派社会党 | 54 | 共産党 | 0 | 労働者農民党 | 4 | 諸派 | 7 | 無所属 | 19 | | | | |
| 改進党 | 76 | 右派社会党 | 66 | 左派社会党 | 72 | 労働者農民党 | 5 | 共産党 | 1 | 諸派 | 1 | 無所属 | 11 | | |
| 右派社会党 | 67 | 左派社会党 | 89 | 労働者農民党 | 4 | 共産党 | 2 | 諸派 | 2 | 無所属 | 6 | | | | |
| 共産党 | 1 | 諸派 | 1 | 無所属 | 12 | | | | | | | | | | |
| 民社党 | 17 | 共産党 | 3 | 諸派 | 1 | 無所属 | 5 | | | | | | | | |
| 民社党 | 23 | 共産党 | 5 | 諸派 | 0 | 無所属 | 12 | | | | | | | | |
| 民社党 | 30 | 公明党 | 25 | 共産党 | 5 | 諸派 | 0 | 無所属 | 9 | | | | | | |
| 民社党 | 31 | 公明党 | 47 | 共産党 | 14 | 諸派 | 0 | 無所属 | 16 | | | | | | |
| 民社党 | 19 | 公明党 | 29 | 共産党 | 38 | 諸派 | 2 | 無所属 | 14 | | | | | | |
| 民社党 | 29 | 公明党 | 55 | 共産党 | 17 | 新自由クラブ | 17 | 諸派 | 0 | 無所属 | 21 | | | | |
| 公明党 | 58 | 共産党 | 41 | 民社党 | 36 | 新自由クラブ | 4 | 社民連 | 2 | 諸派・無所属 | 10 | | | | |
| 公明党 | 33 | 民社党 | 32 | 共産党 | 29 | 新自由クラブ | 12 | 社民連 | 3 | 諸派・無所属 | 11 | | | | |
| 公明党 | 58 | 民社党 | 38 | 共産党 | 26 | 新自由クラブ | 8 | 社民連 | 3 | 諸派・無所属 | 16 | | | | |
| 公明党 | 56 | 民社党 | 26 | 共産党 | 26 | 新自由クラブ | 6 | 社民連 | 4 | 諸派・無所属 | 9 | | | | |
| 公明党 | 45 | 共産党 | 16 | 民社党 | 14 | 社民連 | 4 | 諸派・無所属 | 22 | | | | | | |
| 新生党 | 55 | 公明党 | 51 | 日本新党 | 35 | 共産党 | 15 | 民社党 | 15 | さきがけ | 13 | 社民連 | 4 | 諸派・無所属 | 30 |
| 民主党 | 52<br>17<br>35 | 社会党 | 15<br>4<br>11 | 共産党 | 26<br>2<br>24 | さきがけ | 2<br>2<br>0 | その他 | 10<br>10<br>0 | | | | | | |
| 公明党 | 31<br>7<br>24 | 自由党 | 22<br>4<br>18 | 共産党 | 20<br>0<br>20 | 社民党 | 19<br>4<br>15 | 保守党 | 7<br>7<br>0 | 無所属の会 | 5<br>5<br>0 | 自由連合 | 1<br>1<br>0 | 諸派・無所属 | 15<br>15<br>0 |

## 表４　わが国における

| 法律 | 選挙区数 | 選挙区制 | 総定数 | 特徴 | 総選挙 | 回数 | 投票率 | 議席獲得政党 | 議席 | 議席率 | 議席獲得政党 | 議席 |
|---|---|---|---|---|---|---|---|---|---|---|---|---|
| 1889年法 | 257 | 小選挙区制 | 300 | 直接国税 | 1890年７月 | 1 | 93.91 | 立憲自由党 | 125 | 41.67 | 大成会 | 79 |
| | | | 300 | 15円以上 | 1892年２月 | 2 | 91.65 | 自由党 | 94 | 31.33 | 中央交渉部 | 83 |
| | | | 300 | | 1894年３月 | 3 | 88.83 | 自由党 | 120 | 40.00 | 立憲改進党 | 49 |
| | | | 300 | | 1894年９月 | 4 | 85.07 | 自由党 | 104 | 34.67 | 立憲改進党 | 45 |
| | | | 300 | | 1898年３月 | 5 | 87.58 | 自由党 | 105 | 35.00 | 進歩党 | 103 |
| | | | 300 | | 1898年８月 | 6 | 79.96 | 憲政本党 | 124 | 41.33 | 憲政党 | 120 |
| 1900年法 | 97 | 大選挙区制 | 376 | 直接国税 | 1902年８月 | 7 | 88.39 | 立憲政友会 | 191 | 50.80 | 憲政本党 | 95 |
| | | | 376 | 10円以上 | 1903年３月 | 8 | 86.17 | 立憲政友会 | 175 | 46.54 | 憲政本党 | 95 |
| | | | 379 | | 1904年３月 | 9 | 86.08 | 立憲政友会 | 133 | 35.09 | 憲政本党 | 90 |
| | | | 379 | | 1908年５月 | 10 | 85.36 | 立憲政友会 | 188 | 49.60 | 憲政本党 | 70 |
| | | | 381 | | 1912年５月 | 11 | 89.58 | 立憲政友会 | 209 | 54.86 | 立憲国民党 | 95 |
| | | | 381 | | 1915年３月 | 12 | 92.13 | 立憲同志会 | 153 | 40.16 | 立憲政友会 | 108 |
| | | | 381 | | 1917年４月 | 13 | 91.92 | 立憲政友会 | 165 | 43.31 | 憲政会 | 121 |
| 1919年法 | 374 | 小選挙区制 | 464 | 直接国税 | 1920年５月 | 14 | 86.73 | 立憲政友会 | 278 | 59.91 | 憲政会 | 110 |
| | | | 464 | ３円以上 | 1924年５月 | 15 | 91.14 | 憲政会 | 152 | 32.76 | 政友本党 | 111 |
| 1925年法 | 122 | 中選挙区制 | 466 | 男子25歳以上の | 1928年２月 | 16 | 80.33 | 立憲政友会 | 217 | 46.57 | 立憲民政党 | 216 |
| | | | 466 | 普通選挙 | 1930年２月 | 17 | 83.34 | 立憲民政党 | 273 | 58.58 | 立憲政友会 | 174 |
| | | | 466 | | 1932年２月 | 18 | 83.09 | 立憲政友会 | 301 | 64.59 | 立憲民政党 | 146 |
| | | | 466 | | 1936年２月 | 19 | 78.65 | 立憲民政党 | 205 | 43.99 | 立憲政友会 | 174 |
| | | | 466 | | 1937年４月 | 20 | 73.31 | 立憲民政党 | 179 | 38.41 | 立憲政友会 | 175 |
| | | | 466 | | 1942年４月 | 21 | 83.11 | 翼協推薦 | 381 | 81.76 | 非推薦 | 85 |
| 1945年法 | 54 | 大選挙区制限連記制 | 464 | 男子25歳以上の | 1946年４月 | 22 | 72.08 | 自由党 | 140 | 30.17 | 日本進歩党 | 94 |
| 1947年法 | 117 | 中選挙区制 | 466 | 普通選挙 | 1947年４月 | 23 | 67.95 | 自由党 | 131 | 28.11 | 民主党 | 121 |
| | | | 466 | | 1949年１月 | 24 | 74.04 | 民主自由党 | 264 | 56.65 | 民主党 | 69 |
| | | | 466 | | 1952年10月 | 25 | 76.43 | 自由党 | 240 | 51.50 | 改進党 | 85 |
| | | | 466 | | 1953年４月 | 26 | 74.22 | 自由党吉田派 | 199 | 42.70 | 自由党鳩山派 | 35 |
| | | | 467 | | 1955年２月 | 27 | 75.84 | 日本民主党 | 185 | 39.61 | 自由党 | 112 |
| | | | 467 | | 1958年５月 | 28 | 76.99 | 自民党 | 287 | 61.46 | 社会党 | 166 |
| | | | 467 | | 1960年11月 | 29 | 73.51 | 自民党 | 296 | 63.38 | 社会党 | 145 |
| | | | 467 | | 1963年11月 | 30 | 71.14 | 自民党 | 283 | 60.60 | 社会党 | 144 |
| | | | 486 | | 1967年１月 | 31 | 73.99 | 自民党 | 277 | 57.00 | 社会党 | 140 |
| | | | 486 | | 1969年12月 | 32 | 68.51 | 自民党 | 288 | 59.26 | 社会党 | 90 |
| | | | 491 | | 1972年12月 | 33 | 71.76 | 自民党 | 271 | 55.19 | 社会党 | 118 |
| | | | 511 | | 1976年12月 | 34 | 73.45 | 自民党 | 249 | 48.73 | 社会党 | 123 |
| | | | 511 | | 1979年10月 | 35 | 68.01 | 自民党 | 253 | 49.51 | 社会党 | 107 |
| | | | 511 | | 1980年６月 | 36 | 74.57 | 自民党 | 284 | 55.58 | 社会党 | 107 |
| | | | 511 | | 1983年12月 | 37 | 67.94 | 自民党 | 250 | 48.92 | 社会党 | 112 |
| | | | 512 | | 1986年７月 | 38 | 71.40 | 自民党 | 300 | 58.59 | 社会党 | 85 |
| | | | 512 | | 1990年２月 | 39 | 73.31 | 自民党 | 275 | 53.71 | 社会党 | 136 |
| | | | 511 | | 1993年７月 | 40 | 67.26 | 自民党 | 223 | 43.64 | 社会党 | 70 |
| 1994年法 | 小選挙区300<br>比例代表<br>11ブロック | 小選挙区<br>比例代表並立制 | 500<br>小300<br>比200 | | 1996年10月 | 41 | 59.65 | 自民党<br>小選挙区<br>比例代表区 | 239<br>169<br>70 | 47.80 | 新進党 | 156<br>96<br>60 |
| | | | 480<br>小300<br>比180 | | 2000年６月 | 42 | 62.49 | 自民党<br>小選挙区<br>比例代表区 | 233<br>177<br>56 | 48.54 | 民主党 | 127<br>80<br>47 |

よっては分離できないところの二つの現実なのである」という問題意識の下に、フランスの政治学者であるデュベルジェ（Maurice Duverger）が、一九五一年に提示した命題であった。[27]このデュベルジェの法則を簡単に言えば、比例代表制は多党制をもたらす一方で、小選挙区制は二党制をもたらすというものである。[28]

日本の選挙制度は、一八八九年に小選挙区制を基軸とする選挙制度を採用して以来、[29]今日の小選挙区比例代表並立制まで六回ほど大きな選挙制度の形態の変更を行ってきた（表4参照）。一九〇〇年の大選挙区制、[30]一九一九年の小選挙区制、[31]一九二五年の中選挙区制、[32]一九四五年の大選挙区制限連記制、[33]一九四七年の中選挙区制、[34]そして一九九四年の小選挙区比例代表並立割への変更である。[35]日本では大別すると、小選挙区制を二回、中選挙区制を二回、大選挙区制を二回、小選挙区と比例代表区から構成される並立制を一回、それぞれ採用してきたことになる。

これらの変更の政治的意味について、例えば杣正夫は、一九〇〇年の小選挙区制から大選挙区制への変更は、農村地主層よりも政府よりであった都市納税階層の代表が議席を獲得し易いようにしたことに加えて、藩閥官僚派に対抗する政党戦線の小党分立を狙ったものであるという。また一九一九年の変更は、少数派の社会主義勢力による議席獲得を抑制する手段として再び小選挙区制を基軸とする選挙制度に戻されたということを指摘している。[36]さらに一九二五年の中選挙区制の導入については、川人貞史が、導入を推進した憲政会、革新倶楽部、政友会の護憲三派が、三ないし五の定数のなかで、全選挙区で候補者を立てることを可能としながら、同時に無産政党による議席獲得の阻止を意図したものであったということを述べている[37]。

さて、このように日本においてある特定の政治的意図の下に採用されてきた異なった選挙制度は、果たしてデュベルジェが予言するような政党システムを日本にもたらしたであろうか。この点については、川人貞史がレイプハルトによる非比例性指標やタゲペラ（Rein Taagepera）とシュガート（Matthew Shugart）による比例性プロファイル[38]などの数値を用いた実証的な研究から、次のような知見を得ている[39]。川人は、日本においては各時代に採用されたすべての選挙制度が必ずしもデュベルジェが述べているような形で政党システムに影響を及ぼしてきたわけではないことを明らかにしたのである。日本において小選挙区制は戦前に二回ほど採用された。一八九〇年代の小選挙区制下においては、当時の大政党が全国政党というにはほど遠かったため、小さな政党も地方政党として議席を獲得することが可能であった。そのため小選挙区制という選挙制度は、必ずしも大きな政党に有利になるように機能しなかったという。一九二〇年代に採用された小選挙区制においては、総議席の三分の一以上が二人区ないしは三人区で選出されていたことや、政友会による積極的な候補者擁立戦略によって比例的な選挙結果がもたらされたことを川人は指摘した。さらに準比例代表制的な特徴を持つ中選挙区制に関し川人は候補者擁立戦略が重要であることを指摘した上で、政友会と民政党との間で二大政党制が実現していた戦前の中選挙区制下では、候補者擁立戦略の失敗は政友・民政以外の小党による議席獲得にさほど繋がらず、二大政党のどちらかを利しただけで両政党間での得票率と議席率の比例性がかなり高かったと分析している。

では戦後の中選挙区制の下ではどうであっただろうか。これまで長く日本において採用されてきた中選挙区制という選挙制度は、大選挙区であるにも拘わらず投票方法が単記非移譲式であったため日本独特の制度と指摘され、戦後の中選挙区制は一九五五年以降自民党による一党優位体制をもたらしてきた。デュベルジェの法則に従うと、中選挙区制は戦前のような政権交代を伴う二党制の維持ではなく多党制をもたらすということになるが、実際戦後の日本の中選挙区制と政党システムの関係については、「M＋1現象」というものが報告されてきた。つまり定数がM人からなる選挙区においてはM＋1人の候補者が有意な票を得ることが可能となり、全体としてはM＋1の数の政党が議席を獲得できるというものである。(40) 日本の中選挙区制における個別選挙区の定数は長く三〜五の間にあったが、実際議席を獲得した政党の数も自民党、社会党、公明党、民社党、共産党、新自由クラブといった政党が議席を獲得していた一九七〇年代に典型的に見られるように六前後であった。つまり、準比例代表制的な性格を持つ中選挙区制という選挙制度は、戦後においては自民党の一党優位をもたらしながらも少数派にも議席を与え、比較的に多くの政党の存在を許してきたのである。

# VI　新選挙制度と日本の政党システムの将来

では、小選挙区比例代表並立制という衆議院選挙に導入された新たな選挙制度は、果たしてどのような政党システムをもたらすのであろうか。新選挙制度がもたらすであろう政党システムについては、この制度の下での最初の選挙となった一九九六年の第四一回総選挙の直後から、既に様々な見解が表明されている。川人貞史や北岡伸一は二大政党制への収斂を予言した。一方で佐藤誠三郎は二大政党制というよりは、自民党による一党優位体制の強化につながると見た。また岸本一男と蒲島郁夫は数理的な分析から、共産党が有力でない原理政党にとどまった場合には自民党と他の大きな保守政党さらには共産党による三党制を予想した。(41) 一方、共産党が五五年体制下における社会党のように有力な原理政党となった場合には、自民党を軸に結集した保守政党と共産党との間の二党制の成立を指摘した。

新選挙制度は二党制をもたらしやすい小選挙区制を基軸とする選挙制度であるが、比例代表制を並立させたことから、この部分で主要二党以外の多くの政党が議席を獲得することによって、総体としては中選挙区制下よりもさらなる多党制になるのであろうか。この選挙制度による最初の総選挙となった九六年一〇月の第四一回総選挙と、二度目となった前回二〇〇〇年六月の第四二回総選挙では、以下の政党が議席を獲得した。第四一回総選挙では自民党（二三九）、新進党（一五六）、民主党（五二）、共産党（二六）、社民党（一五）、新党さきがけ（二）、民改連（一）、無所属（九）である。また第四二回総選挙においては、自民党（二三三）、民主党（一二七）、公明党（三一）、自由党（二二）、共産党（二〇）社民党（一九）、保守党（七）、無所属の会（五）、自連合（一）、無所属（一五）となっている。見かけ上多くの政党が議席を獲得しているが、しかし上記の論者による見解では、いずれにしても将来的にこの制度による選挙の回数を重ねていけば、中選挙区制下のような多党制になるとは考えられていない。

既に述べてきたように、もともとこの新選挙制度は小選挙区を基軸としたものであったところに、比例代表制の部分に小さな政党の議席獲得を結果として阻止することになるブロック制を導入したことから、中選挙区制下のような多党制とはならずに、かつてのドイツの三党体制のように政権の形態や政策決定に対して有意な影響を及ぼせるという意味での有効な政党の数は、せいぜい三前後に収斂していくことになるのであろう。各党の議席率に基づいて計算した有効政党数[42]は、第四一回総選挙で二・九、第四二回総選挙で三・二となっている。有効政党の数は三前後であることがわかる。

また、これまで述べてきた比例代表区における定数の削減と重複立候補者の復活当選の制限という最近のさらなる改正は、存在できる有効な政党の数の少数化にさらなる拍車を駆けたことは間違いない。問題はこのように少数の政党しか存在できないということを明確に意識した上で、この小選挙区比例代表並立制を自らの代表を選ぶ方法として国民が選択したかどうかということである。

# Ⅶ おわりに

日本の新しい選挙制度である小選挙区比例代表並立制は、小選挙区に議員定数を多く割り振った導入の時点で、既に今日の日本政治における最大の課題の一つであるリーダーの選出や政権交代が可能な選挙制度という要請を満たした。この点を考慮すると、これ以上比例代表区における民意の反映機能やプロポーショナリティを低下させるような制度の変更をする必要があるか否かは、本来ならばより広範な国民的議論がされてしかるべきであっただろう。定数の削減というのは、選挙の形態は変わらないことから、国民の選択や民意の反映に及ぼす影響について今一つ分かりにくい。比例性が減少し少数派の利益が政治に反映されにくくなるという議論はあまりなされないままに、自民党との間で連立を模索した自由党の小沢一郎氏の次のような言葉に代表される立場から、今日の日本における衆議院の定数削減はなされた。「世の中が不景気で、世間にはリストラの嵐が吹き荒れているという時に、政治家だけが安閑としているというのはどう考えてもおかしい。そこで自分たちの政治姿勢を示そうという意味で加えた政策（衆議院における定数の削減、筆者注）なんです。まず、魁より始めようということなんだよ[43]」。しかし定数の削減は、果たしてこのような国民向けのポーズや、連立にあたっての条件としてだけで論じることのできる問題であろうか。

現在の日本は規制緩和や経済のグローバリゼーションによる競争激化の圧力の下、失業の増大や少子高齢化の進展など困難な時代にある。それだけに、強い政治の指導性が今まで以上に必要とされ、民意の統合に重点を置く選挙制度を採用することは理解できる。しかし、このような時代だからこそ、逆になおさら一層少数派の利益をいかに擁護するかといった視点を政治は欠かすことはできないのではないだろうか。競争市場は確かに富の拡大や資源の最適配分をもたらすであろう。一方で競争市場の弱肉強食性は、アメリカの現実を見ても明らかなように貧富の差を拡大することも確かである。また、貧富の差の拡大は不安定な社会をもたらす。貧富の差を社会が受忍できる程度に緩和し社会を安定的なものとするためにも、選挙によって表明される民意を反映した政治による再分配機能は今以上に必要となる。選挙制度の改革や変更には、今後より慎重な議論が広範に行われてしかるべきであろう。さらに大幅な削減をする場合は、比例性が低下し、少数派の利益が政治に反映されにくくなるということを明らかにした上で、選挙において国民の審判を受ける必要があるのである。

選挙制度をデザインする際、考慮に入れなければならない最大の要素は、民意の統合と民意の反映というある意味でトレードオフの関係にある両機能に、どのようにウェート付けするかということにある。筆者は、現在のように様々な側面において困難な状況下にある日本においては、取りあえず民意の統合機能に重点を置いた選挙制度が必要であると考えている。しかし一方で、そのような機能を主としながらも、少数派も議会に代表を送れる余地を残した制度として、現在の小選挙区比例代表並立制はそれなりに評価されてしかるべきであろう。

（1）J・S・ミル『代議制統治論』水田広訳、岩波書店、一九九七年、二四頁。
（2）Robert A. Dahl, *On Democracy*, New Haven: Yale University Press, 1998, p. 8.
（3）直接民主制から間接民主制への移行は、もちろんこのような規模の拡大といった物理的問題からだけで生じたことではない。古代ギリシアの哲学者プラトン（Platon）が最良の国制は善のイデアを自分のものとした「哲人王」による支配であると述べたように、情報に欠ける市民による多数の支配は、多数者による少数者の搾取、すなわち暴民政（多数専制）に移行する可能性を常に内包しているからに他ならない（プラトン『国家』藤沢令夫訳、岩波書店、一九七九年参照）。
（4）R・A・ダール＝C・E・リンドブロム『政治・経済・厚生』磯部浩一訳、東洋経済新報社、一九六一年、一八七〜一八八頁。
（5）E・バーカー『政治学原理』堀豊彦・藤原保信・小笠原弘親訳、勁草書房、一九六九年、二九三頁。
（6）Anthony Downs, *An Economic Theory of Democracy*, New York, Harper & Row, 1957, p. 25（アンソニー・ダウンズ『民主主義の経済理論』古田精司監訳、成文堂、一九八〇年、二六頁）。
（7）情報産業として新興企業であったリクルート社が、購入資金の面倒もみながら関連会社の未公開株を政官財界の有力者にばらまいた事件である。未公開株の公開による株価の急騰と売却は、「濡れ手に粟」といった一種の錬金術として、国民の間に大きな不公平感と政治不信の波を引き起こした。
(8) 共和事件とは、大手鉄骨メーカーであった共和のリゾート開発を巡る贈収賄事件である。
(9) 東京佐川急便事件とは、政界のタニマチ的存在であった大手陸運会社の佐川急便を巡る一連の疑惑である。
(10) 日本における一九八〇年代後半からの政治改革の展開については、次の文献に詳しいので、参照されたい。成田憲彦「『政治改革の過程』論の試み——デッサンと証言」『レヴァイアサン』第二〇号、一九九七年春、木鐸社。
(11) ドイツの下院議員選挙で採用されている選挙制度で、有権者は小選挙区と比例代表区のそれぞれに投票するが、基本的に最終的な各党の獲得議席数は比例代表の結果によるところが並立制と大きく異なる。当初社会党や公明党などによって主張されていた。
(12) 民間の有識者で組織された政治改革推進協議会（民間政治臨調）が、一九九三年四月に発表した選挙制度である。これは、並立制と併用制の中間的な効果を生むようにデザインされた選挙制度であり、比例区の選出単位を都道府県としながら超過議席の発生の抑制を大きな特徴とした。
(13) 鳩山内閣においては小選挙区の区割り案は「ハトマンダー」と、田中内閣においては「カクマンダー」と、特定の勢力に有利になるように不自然な選挙区をつくることを意味する「ゲリマンダー（gerrymander）」という言葉をもじって批判された。
(14) 途中終戦直後の一九四六年四月の第二二回総選挙のみ大選挙区制限連記制（原則的に都道府県を選挙区とし、一人二票制であった）で実施されたが、次の選挙からすぐ中選挙区制へ戻された。
(15) 第二次世界大戦直後一九四六年四月の第二二回総選挙での総定数は四六四であった。その後人口の増加や移動による各選挙区間の議員定数の格差の是正が、もっぱら人口過剰区の定数の増加という方法でなされたため、総定数は中選挙区制最後の一九九三年七月の第四〇回総選挙では五一一となっていた。このように一人一票同価値という平等選挙の要請を満たすにあたって、基本的には人口の過少地域における選挙区の定数はそのままに、人口の過剰地域における選挙区の定数を増やすという形での定数是正が行われてきたのである。これは、人口が少ない農村地域を金城湯池とする自民党にとっては有利な是正であった。中選挙区制や定数是正のあり方が自民党による一党支配体制の維持に貢献したという点については、次の文献に詳しい。小林良彰『現代日本の政治過程――日本型民主主義の計量分析』東京大学出版会、一九九七年、一八五～一八六頁。

（16）統計学においては慣例として、この有意確率が〇・〇五よりも大きいか否かを判断の基準としている。〇・〇五よりも大きければ差はないとし、小さければ差があるとみなすのである。

（17）調査の実施は日本リサーチセンターに委託した。概要は以下の通りである。

対象地域　　：全国
対　象　　：一八歳以上の男女個人二、〇〇〇人
調査時期　　：第四一回総選挙後の一九九六年一一月二八日～一二月四日
サンプリングの方法：層化多段階無作為抽出
調査方法　　：個人面接法
回収率　　：六一・一％（一、二二一サンプル）

なお、本調査の概要と質問項目、及びその単純集計結果については、既に資料として別に発表してあるので、それを参照されたい。河野武司「転換期における政治意識と投票行動――全国世論調査の単純集計報告書」杏林大学社会科学学会編『杏林社会科学研究』第一二巻第四号、一九九七年三月、六六～八一頁。

（18）小選挙区比例代表並立制による選挙の結果、当選の仕方によって「金、銀、銅、真鍮」の四種類の議員が生

まれたと言われた。金は小選挙区のみの立候補で当選した者、銀は重複立候補者であるが小選挙区で当選した者、銅は比例区単独で当選した者、真鍮はいわゆる復活当選した者をそれぞれ指している。この区別は発言力の軽重という観点からなされているという（『朝日新聞』一九九六年一〇月二三日朝刊）。

(19)　鈴木基史は重複立候補の制度を政党側が利用する理由を三つ挙げている。第一に、一選挙区で一人しか当選できないという小選挙区制の導入のために、いわゆるお国替えを余儀なくされ必ずしも地盤とは言えない選挙区から立候補した現職議員の議席獲得を手助けするためである。第二に、重複立候補者を同一順位とし、最終的な名簿順位は惜敗率によって自動的に決定されるため、そうでない場合と比較して名簿における順位付けが容易になるということである。第三に、最終的な名簿順位は小選挙区における惜敗率で決定されることから、比例代表区における候補を重複立候補者とすることによって、選挙活動に手を抜こうとする、すなわち他の候補者の活動にフリーライドしようとする候補者の積極的な選挙活動を促そうということである（鈴木基史「衆議院新選挙制度における戦略的投票と政党システム」『レヴァイアサン』二五号、一九九九年秋、本鐸社、三七頁～三八頁）。

(20)　改正された六項目の要旨をまとめておく。①比例区で当選した者の政党移動制限、②小選挙区における補欠選挙の四月と一〇月の年二回にまとめた実施、③小選挙区において有効投票数の一〇分の一未満の得票（供託金の没収）しかできなかった重複立候補者の比例区における復活当選の制限、④補欠選挙実施の原因を作った者によるそのために行われる補欠選挙への立候補の禁止、⑤出版物の宣伝という名目での街頭宣伝車の使用禁止、⑥選挙運動員としての手話通訳者の雇用、である。

(21)　『産経新聞』のホームページより。http://www.sankei.co.jp/databox/shuin/html/0525po1005.htm

(22)　Arend Lijphart, *Electoral Systems and Party Systems: A Study of Tweyty-Seven Democracies, 1945-1990*, Oxford: Oxford University Press, 1994, p. 1.

(23)　*Ibid.*, p. 10.

(24)　三乗比の法則とは、「小選挙区制のもとでは、二つの主要政党の全国的な得票数の比がA：Bである場合、両政党間の議席数の比は$A^3$：$B^3$になり、勝った政党の勝利が著しく誇張されることになるというもの」である。阿部齋・内田満・高柳先男編『現代政治学小辞典 新版』有斐閣、一九九九年、一七九頁。この法則はイギリスにおいて経験的に導き出されたものであり、一九〇九年にイギリス王立選挙制度委員会によって初めて公式的に指摘されたという（川人貞史『日本の政党政治　一八九〇年～一八九三七年――議会分析と選挙の数量分析』東京大学出版会、一九九二年、九三頁）。

(25)　小林幸夫「小選挙区制か比例代表制か――一九九〇年代初頭選挙制度審議会に見る選挙制度論」白鳥令・阪上辰夫・河野武司編『九〇年代初頭の政治潮流と選挙』第五章所収、新評論、一九九八年参照。

(26)　**Arend Lijphart, *op. cit.*, p. 1 and pp. 10-14.** などを参照。レイプハルトは、選挙制度が政党システム等に及ぼす政治的影響を考察するために、一九四五年から一九九〇年までの期間における二七の民主主義諸国（西ヨーロッパ諸国、オーストラリア、カナダ、アメリカ、コスタリカ、インド、イスラエル、日本、ニュージーランド）の選挙制度を体系的かつ包括的に分析した。

(27)　モーリス・デュベルジェ『政党社会学――現代政党の組織と活動』岡野加穂留訳、潮出版社、一九七〇年、二二六～二二八頁参照。

(28)　デュベルジェの法則だけでなく、最近の選挙制度と政党システムの関係に関する議論については次の文献において簡潔にまとめられているので参照されたい。岩崎正洋『政党システムの理論』東海大学出版会、一九九九年、特に第五章。

(29)　一人区は二一四選挙区であり、例外的に二人区を四三ほど設け、三〇〇人を選出した。

(30) 選挙区は府県単位の大選挙区と市独立選挙区で構成された。選挙区の数は一人区四六、二人区三、三人区二、四人区五、五人区一二、六人区一〇、七人区五、八人区三、九人区四、一〇人区三、一一人区三、一三人区一の合計九七で、三六九人を選出した。
(31) 一人区二九五、二人区六八、三人区一一の合計三七四選挙区で、四六四人を選出した。
(32) 三人区五三、四人区三八、五人区三一の合計一二二選挙区で、四六六人を選出した。
(33) 原則として都道府県を選挙区としたが、人口割りで割り振られた都道府県を二分したことから、四人区一、五人区六、六人区七、七人区六、八人区四、九人区八、一〇人区七、一一人区四、一二人区三、一三人区四、一四人区三の合計五四選挙区で、四六六人を選出した。
(34) 一人区一、三人区五三、四人区三八、五人区三一の合計一二三選挙区で、四六六人を選出した。
(35) 男子二五歳以上による普通選挙が一九二五年の中選挙区制とともに導入される以前は、いずれも納税額を要件とする制限選挙であった。納税要件は一八八九年の小選挙区制では直接国税一五円以上、一九〇〇年の大選挙区制では一〇円以上、一九一九年の小選挙区制では三円以上と順次引き下げられていった。また制限選挙下においては、届け出なしで誰もが何処でもかってに候補者となれたが、一九二五年以降、立候補者届出制を採用することとなった。
(36) 杣正夫『日本選挙制度史――普通選挙法から公職選挙法まで』九州大学出版会、一九八六年。
(37) 川人貞史「選挙制度と政党制――日本における五つの選挙制度の比較分析」『レヴァイアサン』二〇号、一九九七年春、六一～六二頁。
(38) 非比例性指標も比例性プロファイルも選挙における各政党の得票率と議席率の関係を数値で示そうというものであり、川人は比例性プロファイルの方がより詳細に両者の関係を分析できるとしている（川人貞史、前掲論文、六七頁)。両指標の詳しい解説は、川人の論文を参照されたい。
(39) 川人貞史、前掲論文。
(40)「M＋1現象」とその研究の系譜については、次の論文において簡潔にまとめられているので参照されたい。鈴木基史「衆議院新選挙制度における戦略的投票と政党システム」『レヴァイアサン』二五号、一九九九年秋、三五頁。なお「M＋1現象」に関して最初に明示的に言及したのは石川真澄である（石川真澄『日本政治の今』現代の理論社、一九八一年)。
(41) 川人貞史「二大政党制に近づけた新選挙制度」『朝日新聞』一九九六年一〇月二三日、北岡伸一「与党と野党の政治力学」『中央公論』一九九七年一月号、佐藤誠三郎「選挙制度改革論者は敗北した」『諸君』一九九七年一月号、岸本一男・蒲島郁夫「合理的選択理論から見た日本の政党システム」『レヴァイアサン』二〇号（一九九七年春)。
(42) 有効政党数Nは、ある政党の議席率を$P_i$とすると、$N=1/\Sigma P_i$で計算される。詳しくは、次の文献を参照されたい。Rein Taagepera & Matthew Soberg Shugart, *Seats and Votes: The Effects and Determinants of Electoral System*, New Haven: Yale University Press, 1989, pp. 77-91.
(43)『週刊新潮』平成一一年八月二六日号における小沢一郎氏に対するインタビュー記事から。

# 第三章　新選挙制度におけるクロス投票とバッファー・プレイヤー

河野　武司

# Ⅰ　一人二票制下における投票行動

小選挙区比例代表並立制という衆議院議員選挙における新選挙制度は、政党側においてもその対応に様々な問題を投げかけたが、有権者に対してもその票の使い方に関して、一つの問題を突きつけることになった。それは小選挙区における一票と比例代表区における一票とを、どのように行使するかという問題である。従来の中選挙区制下においては、有権者は候補者個人の名前を書いて一票を投ずるだけであった。しかし新選挙制度のように、複数の票を同時に行使できる時、有権者は一貫して同じ政党に投票（以下「一貫投票」と呼ぶ）するのであろうか。それとも異なった政党に投票（「異党派間投票」という言い方もあるが以下「クロス投票」と呼ぶ）するのであろうか。

わが国の投票行動に関しては小林良彰に詳しい(1)が、支持政党に基づく投票であれ、争点に基づく投票であれ、業績評価に基づく投票であれ、普段からの政党支持態度を基点にしながら、一貫して同じ政党に投票すると考えるのが普通であろう。また今日では無党派層が有権者の半数以上を占めているが、それにしてもやはり彼らが争点に基づいて投票をすると考えるならば、やはり支持する政策を掲げている政党やその政党の候補者に一貫して投票すると考えるのが自然であろう。しかし現実には、その複数回の投票行動は完全に一貫はしておらず、異なった政党に投票する有権者が存在する。例えば、九六年衆議院選挙において自民党は小選挙区で二一、八三六、〇八九票を獲得したが、比例区ではそれよりも三六三万票も少ない一八、二〇五、九五五票しか獲得できなかった。また、今回二〇〇〇年衆議院選挙においても、それぞれ二四、九四五、八〇五票と一六、九四三、四二五票で、八〇〇万票余りも減らしている。同一の政党に投票するならばこのような大きな差は生じないはずであり、やはり少なからずの有権者が小選挙区と比例区において異なった政党に投票していると考えられる。

　有権者が異なった政党に投票するのは何故だろうか。特定の政党を一人勝ちさせないといった一種のバランス感覚なのであろうか。親近感を抱いてる上位二政党にそれぞれ投票しただけなのであろうか。単なる気紛れ、すなわち一種の確率的誤差として分析できるものなのであろうか。それとももっと意図された合理的な、すなわち票の有効利用といったいわば「戦略的」と言えるようなクロス投票なのであろうか。

　わが国において、同一日に実施された異なるレベルの選挙における複数投票が有権者の投票行動にどのような影響を及ぼしているかについての研究は、実はそれ程新しいというものではない。これまでクロス投票や異党派間投票という概念の下に、研究が行われてきた。例えば一九八〇年の衆参同日選挙に関して堀江湛[2]や三宅一郎[3]が行った世論調査に基づく実証的な研究がある。堀江は選挙前の調査によって、衆議院選挙、参議院地方区、参議院全国区の異なる三つのレベルの投票が一貫している有権者は調査対象となったうちの三五％程度しかなかったこと、政党間でもその一貫性は公明、共産両党支持者において高く、自民党と社会党がそれに続くことなど、政党支持の違いが一貫性に影響を及ぼすことを明らかにしている。三宅は異なるレベルの選挙における投票パターンに関して、衆議院と参議院地方区においては早く決めた方の投票意思が他方の選挙の決定に影響を及ぼしているが、参議院全国区における投票意思の決定は、他の二つの選挙の投票意思に関係なく独立しているという知見を得ている。また、一九八六年の衆参同日選挙に関しては、河野武司が堀江や三宅の研究に示唆されて実証的な研究を行い、すべての選挙における投票意思を決定していた有権者の中では約八割が同じ政党に投票すると回答していたことから、八六年の衆参同日選挙においては投票の一貫性は高かったのではないかと結論付けている。[4] 一九九六年の新選挙制度におけるクロス投票に関して分析したのは、蒲島郁夫である。[5] 蒲島は、世論調査のデータから政党支持強度が強い有権者や、宗教団体に加入している有権者において小選挙区と比例代表区における一致度が高いこと、一方逆に政治的関心が高い有権者や教育程度が高い有権者において一致度が低いことなどを報告している。

クロス投票の研究は、これまで浦島のものを除いて、衆参同日選挙を対象に分析されたものが多かった。小選挙区比例代表並立制という一人二票制による選挙制度が衆議院選挙に導入されたことにより、この問題については古くて新しい問題としてより多様な研究が蓄積される必要があるであろう。まずそもそもクロス投票の実態を明らかにするとともに、どのような有権者が票の使い分けをするのか、票を使い分ける場合の方向性はどのようなものか、さらにはその理由などに関する研究である。もちろん、これらのことを明らかにするために必要な小選挙区比例代表並立制下での衆議院選挙のデータは、まだ二回しかない。そのためこの問題に対する結論は仮説的なものに留まらざるを得ない。このような限界があることを前提としながら、本章ではクロス投票の生じる原因を、与野党伯仲を望むバッファー・プレイヤー指向という観点から説明してみたい。一九九六年の衆議院選挙の際に筆者が実施した世論調査(6)のデータに基づきながら、分析結果を報告しよう。

## Ⅱ　クロス投票の理由

クロス投票が生じる理由には様々なものがある。投票行動は普段からの支持政党に規定される側面が強いが、普段から支持している政党が候補者を擁立していない選挙区の同党支持者は、小選挙区においては他の政党の候補者に投票するか棄権するかを強いられ、比例区においては支持する政党に投票する可能性が高いため、結果としてクロス投票となるというケースがある。これは「強いられたクロス投票」と言って良いであろう。

さらには票の有効利用といった合理的な観点からのクロス投票もある。小選挙区において支持する政党の候補者の当選確率が低い時、自分の一票を無駄にしないためにも、小選挙区においては有力な他の政党の候補者に投票するが、比例区においては支持政党に投票するというパターンである。また、あえて当選確率の低い支持政党の候補者に小選挙区では投票しても、自分の二票すべてを無駄にしないためにも比例区では他の有力な政党に投票するということもあるであろう。

このような票の有効利用といった戦略的なクロス投票とは別に、「バッファー・プレイヤー」として票を使い分ける場合もあるであろう。バッファー・プレイヤーとは、蒲島郁夫が猪口孝の「与党の緩衝規模仮説」[7]に示唆を得て、一九八六年に提起した概念である。[8] 蒲島はバッファー・プレイヤーを「基本的に自民党の政権担当能力を支持しているが、政局は与野党伯仲がよいと考えて投票する有権者」と定義している。[9] つまり、ある選挙で自民党が勝ち過ぎたら、次の選挙では与野党伯仲を望んで自民党以外の政党に投票するような有権者である。蒲島は一九八〇年代から一九九〇年代の各種国政選挙間のバッファー・プレイヤーの投票行動にもっぱら分析を集中しながら、各選挙間の自民党の勝ち負けの変動を説明しようとした。

このようなバッファー・プレイヤーの概念自体は、今日の一人二票制となった小選挙区比例代表並立制における小選挙区と比例代表区における有権者の票の使い分けを説明することにも援用できるであろう。自民党を基本的に支持しているが、自民党の一人勝ちを嫌い、与野党伯仲状況を望むような有権者は、小選挙区と比例代表区においてバッファー・プレイヤーとして票を使い分けるのではないかということである。

そこで本分析では、一貫投票を普通と考えるのか、それともバッファー・プレイヤー的なクロス投票を普通と考えるのかといった一人二票制に対する基本的な考え方を有権者に質問することによって、バッファー・プレイヤー指向が、実際の投票行動にどのように反映しているかを明らかにしたい。

筆者が行った調査では、次のような質問から、一人二票制についての基本的な態度を投票に行ったサンプル（八五七人）に尋ねた。このような基本的態度は、有権者が成長するまでの政治的社会化の過程の中で獲得したものと考えられる。

**Q**　今回の衆議院選挙では、一人の有権者が小選挙区と比例代表区のそれぞれに対して一票ずつ、都合二票投票できることになりました。この二票を投ずるということに関する次のような意見の中で、あなたのお考えに最も近いものはどれですか。

**A**　一　二票とも同じ政党に投票するべきだ。

二　小選挙区と比例代表区それぞれに関し熟考した上で、投票すべきであり、その結果同じ政党になろうと異なった政党になろうとそれはかまわない。

三　特定の政党を一人勝ちさせないためにもバランスをとってそれぞれ異なった政党に投票することが、一人二票制を有効に機能させることにつながる。

回答の比率は、それぞれ三〇・三％、五二・四％、一二・六％（残りの四・七％はDK・NA）となった。同じ政党に一貫して投票しなければならないと思っている有権者の率は約三割でそれほど多くない。以後、このグループを「一貫投票層」と呼ぶことにする。一方で、バランス感覚から異なった政党に投票すべきだと考えている有権者は、一二・六％で約その半分以下である。このグループの中で普段は自民党を支持している者が、積極的に票を使い分け、自民党の一人勝ちを嫌うバッファー・プレイヤー指向を持つ有権者であると言えるだろう。以後このグループは「確信的バッファー・プレイヤー層」と呼ぼう。さらに残りの五二・四％の熟考した上で投票するとしたサンプルの中の自民党支持者は、前記の確信的バッファー・プレイヤー層と比較すると、結果として自民党以外の政党に投票することもあり得るという意味で、潜在的なバッファー・プレイヤーと言えるであろう。以後このグループは、「潜在的バッファー・プレイヤー層」と呼ぶことにする。

さて、次にはまず最初に、そもそも九六年衆議院選挙におけるクロス投票の実態を調査結果から明らかにしておこう。

## Ⅲ　一人二票制における投票行動の実態

さて、われわれが実施した調査では、投票に関する選択肢として、自民党、新進党、民主党、共産党、社民党、新党さきがけ、その他、棄権（投票場へ行ったが白票を投じた）、DK・NA（どの政党に投票したか忘れたないしは答えない）の九つを用意した。そこで小選挙区と比例代表区における有権者の投票のパターンの数は、小選挙区で投票した候補者の所属政党と比例区における投票政党に関してDK・NAと答えたサンプルも含めると、理論的には九×九の八一存在することになる。実際の投票パターンは表1のように、五五パターンであった（表1参照）。

これら五五パターンの中で最も多かったのは、小選挙区及び比例区ともに自民党へ投票したというパターンで、全体の三五・〇%となっている。以下、新進・新進の一六・五%、民主・民主の一〇・五%、共産・共産の五・八%、社民・社民の三・九%と続く。上位を占めるのはいずれも小選挙区も比例区も同一政党へ投票するというパターンである。このような一貫した投票パターンは、全体の七割以上を占めている。

残りの三割弱がクロス投票ということになるが、この中には「強いられたクロス投票」もあることに注意しなければならない。これはすべての政党がすべての小選挙区で候補者を擁立しているわけではないことから生じる。九六年総選挙の小選挙区における主要政党の候補者擁立数はそれぞれ、自民党二八八、新進党二三五、民主党一四三、共産党二九九、社民党四三であった。普段から支持している政党が候補者を擁立していない選挙区の同党支持者は、小選挙区においては他の政党の候補者に投票するか棄権するかを強いられ、比例区においては支持する政党に投票する可能性が高いため、結果としてクロス投票となってしまうのである。各党間の一貫投票の割合が異なるのは、小選挙区における候補者の擁立数を反映しているとも言える。このような点やＤＫ・ＮＡを含んだ投票パターンが四・六％あることなどを考慮しながら、全体の一貫率である七二・六％という数字を評価すると、やはり多くの有権者は小選挙区とも比例区ともに同じ政党の候補者に投票する傾向が高いと言っても良いだろう。

しかし、三割弱はクロス投票を行っていることも確かである。クロス投票の中でその割合が最も多いのは、小選挙区で自民党に投票し、比例区においては民主党に投票したというパターンで、八五七サンプル中二・二％となっている。次に多いのが小選挙区は新進党の候補者に投票し、比例区では自民党に投票するというパターンであり、二・二％となっている。前者のように小選挙区で自民党の候補者に投票しながら比例区では民主党に投票したというパターンにおいては、その中の一部にまさに強いられたクロス投票を合むといって良いであろう。一方で後者のように小選挙区では新進党の候補

**比例区での投票のクロス表**

| での　投　票 | | | | | | 合　計 |
|---|---|---|---|---|---|---|
| 共産党 | 社民党 | さきがけ | その他 | 棄　権 | DK・NA | |
| 6<br>1.6%<br>8.6%<br>.7% | 13<br>3.5%<br>24.1%<br>1.5% | 3<br>.8%<br>23.1%<br>.4% | | 7<br>1.9%<br>33.3%<br>.8% | 4<br>1.1%<br>16.0%<br>.5% | 369<br>100.0%<br>43.1%<br>43.1% |
| 3<br>1.6%<br>4.3%<br>.4% | 2<br>1.1%<br>3.7%<br>.2% | 1<br>.5%<br>7.7%<br>.1% | | 2<br>1.1%<br>9.5%<br>.2% | | 185<br>100.0%<br>21.6%<br>21.6% |
| 2<br>1.9%<br>2.9%<br>.2% | 3<br>2.8%<br>5.6%<br>.4% | | | 1<br>.9%<br>4.8%<br>.1% | | 107<br>100.0%<br>12.5%<br>12.5% |
| 50<br>75.8%<br>71.4%<br>5.8% | 1<br>1.5%<br>1.9%<br>.1% | | | 4<br>6.1%<br>19.0%<br>.5% | 1<br>1.5%<br>4.0%<br>.1% | 66<br>100.0%<br>7.7%<br>7.7% |
| 3<br>6.8%<br>4.3%<br>.4% | 33<br>75.0%<br>61.1%<br>3.9% | | | 2<br>4.5%<br>9.5%<br>.2% | | 44<br>100.0%<br>5.1%<br>5.1% |
| | | 9<br>64.3%<br>69.2%<br>1.1% | | | | 14<br>100.0%<br>1.6%<br>1.6% |
| | | | 14<br>58.3%<br>87.5%<br>1.6% | 1<br>4.2%<br>4.8%<br>.1% | | 24<br>100.0%<br>2.8%<br>2.8% |
| | 1<br>6.3%<br>1.9%<br>.1% | | 2<br>12.5%<br>12.5%<br>.2% | 4<br>25.0%<br>19.0%<br>.5% | 2<br>12.5%<br>8.0%<br>.2% | 16<br>100.0%<br>1.9%<br>1.9% |
| 6<br>18.8%<br>8.6%<br>.7% | 1<br>3.1%<br>1.9%<br>.1% | | | | 18<br>56.3%<br>72.0%<br>2.0% | 32<br>100.0%<br>3.7%<br>3.7% |
| 70<br>8.2%<br>100.0%<br>8.2% | 54<br>6.3%<br>100.0%<br>6.3% | 13<br>1.5%<br>100.0%<br>1.5% | 16%<br>1.9%<br>100.0%<br>1.9% | 21<br>2.5%<br>100.0%<br>2.5% | 25<br>2.9%<br>100.0%<br>2.9% | 857<br>100.0%<br>100.0%<br>100.0% |

**表１　小選挙区での投票と**

| | | | 比例区 | | |
|---|---|---|---|---|---|
| | | | 自民党 | 新進党 | 民主党 |
| 小選挙区での投票 | 自民党 | 度数 | 300 | 17 | 19 |
| | | 小選挙区での投票の% | 81.3% | 4.6% | 5.1% |
| | | 比例区での投票の% | 89.6% | 9.7% | 12.9% |
| | | 総和の% | 35.0% | 2.0% | 2.2% |
| | 新進党 | 度数 | 18 | 141 | 18 |
| | | 小選挙区での投票の% | 9.7% | 76.2% | 9.7% |
| | | 比例区での投票の% | 5.4% | 80.1% | 12.2% |
| | | 総和の% | 2.1% | 16.5% | 2.1% |
| | 民主党 | 度数 | 2 | 9 | 90 |
| | | 小選挙区での投票の% | 1.9% | 8.4% | 84.1% |
| | | 比例区での投票の% | .6% | 5.1% | 61.2% |
| | | 総和の% | .2% | 1.1% | 10.5% |
| | 共産党 | 度数 | 2 | 1 | 7 |
| | | 小選挙区での投票の% | 3.0% | 1.5% | 10.6% |
| | | 比例区での投票の% | .6% | .6% | 4.8% |
| | | 総和の% | .2% | .1% | .8% |
| | 社民党 | 度数 | 2 | 2 | 2 |
| | | 小選挙区での投票の% | 4.5% | 4.5% | 4.5% |
| | | 比例区での投票の% | .6% | 1.1% | 1.4% |
| | | 総和の% | .2% | .2% | .2% |
| | さきがけ | 度数 | 2 | 2 | 1 |
| | | 小選挙区での投票の% | 14.3% | 14.3% | 7.1% |
| | | 比例区での投票の% | .6% | 1.1% | .7% |
| | | 総和の% | .2% | .2% | .1% |
| | その他 | 度数 | 5 | | 4 |
| | | 小選挙区での投票の% | 20.8% | | 16.7% |
| | | 比例区での投票の% | 1.5% | | 2.7% |
| | | 総和の% | .6% | | .5% |
| | 棄権した | 度数 | 3 | 1 | 3 |
| | | 小選挙区での投票の% | 18.8% | 6.3% | 18.8% |
| | | 比例区での投票の% | .9% | .6% | 2.0% |
| | | 総和の% | .4% | .1% | .4% |
| | DK・NA | 度数 | 1 | 3 | 3 |
| | | 小選挙区での投票の% | 3.1% | 9.4% | 9.4% |
| | | 比例区での投票の% | .3% | 1.7% | 2.0% |
| | | 総和の% | .1% | .4% | .4% |
| 合計 | | 度数 | 335 | 176 | 147 |
| | | 小選挙区での投票の% | 39.1% | 20.5% | 17.2% |
| | | 比例区での投票の% | 100.0% | 100.0% | 100.0% |
| | | 総和の% | 39.1% | 20.5% | 17.2% |

者に投票しながら比例区では自民党に投票したというパターンは、戦略的なクロス投票かもしれない。このケースは日常の政党支持やパーソナル・ボートの関係から次のように考えることができるだろう。

つまり、日常では自民党を支持しているが小選挙区における自民党の候補者の当選可能性が低いため、票の有効利用という観点から小選挙区においては強い新進党の候補者に投票したが、比例区においては日常の政党支持に従い自民党に投票したというものである。小選挙区においては一人しか当選できないために、自分の一票を無駄にしないといった票の有効利用という観点からの戦略的投票が生じ得る。しかし比例区においては自分の一票が無駄になる可能性は低いため、そのまま日常の政党支持に従って投票するのである。

以上が全サンプルの小選挙区と比例区における投票パターンである。次には、自民党の支持者の投票行動に焦点を当てて、バッファー・プレイヤーの問題を考察してみよう。

## Ⅳ　自民党支持者におけるバッファー・プレイヤー

本調査で九六年衆議院選挙に投票したと答えた八五七サンプルの中で、普段の支持政党が自民党であると答えたサンプルは二七七人である。その内、二四九サンプルが小選挙区において自民党に投票し、一方比例区では自民党を含めたその他の政党に投票している。残りの二八サンプルの内、一九サンプルは比例区では自民党に投票したが、小選挙区では自民党以外の政党の候補者に投票している。さらに九サンプルは普段は自民党を支持していると答えたものの、投票では小選挙区・比例区ともに自民党以外の政党に投票している（表2参照）。

また、自民党支持者の中での一貫投票層、潜在的バッファー・プレイヤー層、確信的バッファー・プレイヤー層の割合は、それぞれ三六・一%、四九・一%、一一・二%となっている。熟考した上で投票するという潜在的バッファー・プレイヤー層が最も多い。

さて、投票した自民党支持者全体で、一貫投票の割合は八三・〇%となっている。自民党支持者の多くは、小選挙区、比例区ともに自民党へ投票したと言っても良いだろう。しかし一人二票制に対する基本的態度の違いは、それぞれの層の投票行動に微妙な違いをもたらしている。小選挙区も比例代表区とも同じ政党に投票すべきであると答えた一貫投票層の中では九五・〇%と、そのほとんどが小選挙区・比例区ともに自民党に投票している。しかし一方でその割合は、潜在的バッファー・プレイヤー層では七六・五%、確信的バッファー・プレイヤー層では六七・七%と次第に減少していく。確信的バッファー・プレイヤー層においては、バランスをとって異なった政党に投票するべきだという信条に従って、約三分の一が票の使い分けを行っているのである。一人二票制に対して各有権者が抱

## 投票パターンと二票制評価のクロス表

| | | | | | | | |
|---|---|---|---|---|---|---|---|
| の投票パターン | 新進・新進 | 度数 | 1 | 2 | | | 3 |
| | | 小選挙区と比例区の投票パターンの% | 33.3% | 66.7% | | | 100.0% |
| | | 二票制の評価の% | 1.0% | 1.5% | | | 1.1% |
| | | 総和の% | .4% | .7% | | | 1.1% |
| | 民主・自民 | 度数 | | 2 | | | 2 |
| | | 小選挙区と比例区の投票パターンの% | | 100.0% | | | 100.0% |
| | | 二票制の評価の% | | 1.5% | | | .7% |
| | | 総和の% | | .7% | | | .7% |
| | 社民・自民 | 度数 | | 1 | | | 1 |
| | | 小選挙区と比例区の投票パターンの% | | 100.0% | | | 100.0% |
| | | 二票制の評価の% | | .7% | | | .4% |
| | | 総和の% | | .4% | | | .4% |
| | さきがけ・自民 | 度数 | | 1 | 1 | | 2 |
| | | 小選挙区と比例区の投票パターンの% | | 50.0% | 50.0% | | 50.0% |
| | | 二票制の評価の% | | .7% | 3.2% | | .7% |
| | | 総和の% | | .4% | .4% | | .7% |
| | さきがけ・新進 | 度数 | | 1 | | | 1 |
| | | 小選挙区と比例区の投票パターンの% | | 100.0% | | | 100.0% |
| | | 二票制の評価の% | | .7% | | | .4% |
| | | 総和の% | | .4% | | | .4% |
| | さきがけ・さきがけ | 度数 | | 1 | 1 | | 2 |
| | | 小選挙区と比例区の投票パターンの% | | 50.0% | 50.0% | | 100.0% |
| | | 二票制の評価の% | | .7% | 3.2% | | .7% |
| | | 総和の% | | .4% | .4% | | .7% |
| | その他・自民 | 度数 | | 2 | 2 | | 4 |
| | | 小選挙区と比例区の投票パターンの% | | 50.0% | 50.0% | | 100.0% |
| | | 二票制の評価の% | | 1.5% | 6.5% | | 1.4% |
| | | 総和の% | | .7% | .7% | | 1.4% |
| | DKNA・DKNA | 度数 | 1 | | | | 1 |
| | | 小選挙区と比例区の投票パターンの% | 100.0% | | | | 100.0% |
| | | 二票制の評価の% | 1.0% | | | | .4% |
| | | 総和の% | .4% | | | | .4% |
| 合計 | | 度数 | 100 | 136 | 31 | 10 | 277 |
| | | 小選挙区と比例区の投票パターンの% | 36.1% | 49.1% | 11.2% | 3.6% | 100.0% |
| | | 二票制の評価の% | 100.0% | 100.0% | 100.0% | 100.0% | 100.0% |
| | | 総和の% | 36.1% | 49.1% | 11.2% | 3.6% | 100.0% |

**表２　自民党支持者の小選挙区・比例区**

| | | | 二票制の評価 | | | | 合　計 |
|---|---|---|---|---|---|---|---|
| | | | 一貫投票層 | 潜在的バッファー・プレイヤー層 | 確信的バッファー・プレイヤー層 | DK・NA | |
| 小選挙区と比例区 | 自民・自民 | 度数 | 95 | 104 | 21 | 10 | 230 |
| | | 小選挙区と比例区の投票パターンの% | 41.3% | 45.2% | 9.1% | 4.3% | 100.0% |
| | | 二票制の評価の% | 95.0% | 76.5% | 67.7% | 100.0% | 83.0% |
| | | 総和の% | 34.3% | 37.5% | 7.6% | 3.6% | 83.0% |
| | 自民・新進 | 度数 | | 6 | 1 | | 7 |
| | | 小選挙区と比例区の投票パターンの% | | 85.7% | 14.3% | | 100.0% |
| | | 二票制の評価の% | | 4.4% | 3.2% | | 2.5% |
| | | 総和の% | | 2.2% | .4% | | 2.5% |
| | 自民・民主 | 度数 | | 2 | 2 | | 4 |
| | | 小選挙区と比例区の投票パターンの% | | 50.0% | 50.0% | | 100.0% |
| | | 二票制の評価の% | | 1.5% | 6.5% | | 1.4% |
| | | 総和の% | | .7% | .7% | | 1.4% |
| | 自民・共産 | 度数 | | 1 | | | 1 |
| | | 小選挙区と比例区の投票パターンの% | | 100.0% | | | 100.0% |
| | | 二票制の評価の% | | .7% | | | .4% |
| | | 総和の% | | .4% | | | .4% |
| | 自民・社民 | 度数 | 2 | 2 | 1 | | 5 |
| | | 小選挙区と比例区の投票パターンの% | 40.0% | 40.0% | 20.0% | | 100.0% |
| | | 二票制の評価の% | 2.0% | 1.5% | 3.2% | | 1.8% |
| | | 総和の% | .7% | .7% | .4% | | 1.8% |
| | 自民・棄権 | 度数 | | 1 | | | 1 |
| | | 小選挙区と比例区の投票パターンの% | | 100.0% | | | 100.0% |
| | | 二票制の評価の% | | .7% | | | .4% |
| | | 総和の% | | .4% | | | .4% |
| | 自民・DKNA | 度数 | | 1 | | | 1 |
| | | 小選挙区と比例区の投票パターンの% | | 100.0% | | | 100.0% |
| | | 二票制の評価の% | | .7% | | | .4% |
| | | 総和の% | | .4% | | | .4% |
| | 新進・自民 | 度数 | 1 | 9 | 2 | | 12 |
| | | 小選挙区と比例区の投票パターンの% | 8.3% | 75.0% | 16.7% | | 100.0% |
| | | 二票制の評価の% | 1.0% | 6.6% | 6.5% | | 4.3% |
| | | 総和の% | .4% | 3.2% | .7% | | 4.3% |

＊　98ページ上につづく

いている基本的態度によって、小選挙区と比例区における一票の使い分けに差が生じていると言っても良いであろう。

## V　おわりに

小選挙区比例代表並立制という新選挙制度によって、有権者は小選挙区での候補者個人への投票と、比例区での政党への投票との二票を同時に行使できることになった。本章では、前回九六年衆議院選挙の際に有権者を対象に実施した全国世論調査のデータを用いて、一人二票制下における有権者の投票行動の一端を明らかにした。約七割のサンプルが小選挙区と比例区との間で票の使い分けを行っていない。しかし、残りの三割の中にはもちろん強いられたクロス投票も存在していることを割り引かなければならないが、少なからずのサンプルが小選挙区と比例区との間で票の使い分けをしている。

本章ではさらに、自民党支持者におけるバッファー・プレイヤー指向が、二票の使い分けに対してどのような影響を及ぼしているかという点に焦点を絞って分析を行った。その結果、一人二票制に対する基本的態度において、同じ政党に投票すべきだとする一貫投票層によりも、バランスをとって投票すべきだとする確信的バッファー・プレイヤー層の方が、クロス投票の割合が多いことを明らかになった。従来からその存在を指摘されてきたバッファー・プレイヤーは、一人二票制という新選挙制度において、自民党に限らず、将来政権を担うであろう政党の一人勝ちを阻止する新たな役割を演じることになるのである。衆議院選挙が一人二票制になってまだ二回しか選挙は行われていない。これから投票に関して政党の呪縛から解放された有権者が増えれば増えるほど、衆議院選挙における投票行動はより多様になっていくのであろう。

(1) 小林良彰『現代日本の政治過程——日本型民主主義の計量分析』東京大学出版会、一九九七年、特に第九章参照。
(2) 堀江湛「スプリット・ボートの分析」堀江湛・梅村光弘編『投票行動と政治意識』第六章所収、慶應通信、一九八六年。
(3) 京都市選挙管理委員会『京都市民の投票行動——衆参同日選挙を素材として』京都市選挙管理委員会、一九八一年。
(4) 河野武司『衆参同日選挙と投票行動——八王子市民の政治意識調査から』杏林大学社会科学学会編『杏林社会科学研究』第四巻第一号、一九八七年、六月。
(5) 蒲島郁夫『政権交代と有権者の態度変容』木鐸社、一九九八年、特に第一一章。
(6) 本章の分析で用いる世論調査データは、筆者も共同研究者の一人として参加した故公平愼策教授を代表とする杏林大学政治意識研究会が一九九六年の第四一回衆議院選挙後に実施した全国世論調査のデータである。調査実際の実施については、それの専門会社である日本リサーチセンターに委託した。その調査の概要は以下の通りである。

対象地域　　　　：全国
対象　　　　　　：一八歳以上の男女個人二、〇〇〇人
調査時期　　　　：第四一回総選挙後の一九九六年一二月二八日～一二月四日
サンプリングの方法：層化多段階無作為抽出
調査方法　　　　：個人面接法

上記の方法で実施された今回の調査の回収率は、六一・六％（一、二二二サンプル）であった。なおこのサンプルの中で本調査の分析対象となるのは、二〇歳未満と選挙当日に選挙権がなかったという五〇サンプルを除いた一一七二サンプルである。またこの中で前回の総選挙で投票したと答えた人は、八五七サンプルで七三・一％である。本章での分析は基本的にこの八五七サンプルが対象となる。実際の投票率は五九・六五％（小選挙区）であることと比較すると一三ポイントほど高めに出ているが、これはそもそもこのような世論調査に協力してくれるような人は、そうでない人よりも政治参加に関してもより積極的であることからくると考えられる。

本調査の実施にあたっては、杏林大学プロジェクト研究費から助成を受けた。記して感謝の意を表したい。なお本共同研究の代表者であった公平愼策杏林大学教授は、本調査の実施直後の一九九六年一二月に急逝された。公平教授の暖かいご指導とご鞭撻の下に、この共同研究が成立したことを記しておきたい。

（7）　猪口は政権党の議会での議席数と単純過半数との差に注目し、選挙毎の自民党の獲得議席数の増減を説明しようとした。猪口は、「もし与党の余裕が十分に大きければ、基本的には保守的な傾向の多くの有権者はわざわざ投票する労をとることもないと思うであろう。親政府的な有権者のいくばくかは合理的に考えて、『怠惰な』

棄権者、『戦術的な』変更者（反対政党支持へ）、政府政党に『罰』の信号を与えるための『浮気な』投票者などになっていくのである」と述べた（猪口孝『現代日本政治経済の構図――政府と市場』東洋経済新報社、一九八三年、七四頁）。

（8）綿貫穣治・三宅一郎・猪口孝・蒲島郁夫『日本人の選挙行動』東京大学出版会、一九八六年。バッファー・プレイヤーについては次の文献において蒲島自身の手で簡潔にまとめられているので参照されたい。蒲島郁夫、前掲文献、第九章。

（9）蒲島郁夫、前掲文献、一九四頁。

# 第四章　選挙制度

真下英二

# I　定数不均衡問題と司法の判断

そもそも選挙は、どのような制度をとるかによって、その結果は大きく異なる。したがって国会議員の選挙制度は、まず一方において、国民の代表として選出される国会議員にどのような性格を求めるかという理念・哲学によって、定められなければならない。そして国会議員の選挙制度を考える上で忘れてはならないもう一つの観点は、制限選挙であれ普通選挙であれ、有権者団と代表との一票の格差を、どのようにとらえるのかという点に関わるものである。例えば、都市対農村、信仰、人種、言語といった、さまざまな社会的属性と一票の格差という問題である。この両者は密接に関係しあい、選挙制度を考える上で常に念頭に置かなければならない。

戦後五五年を経て、わが国はあらゆる面で大きく変貌した。大戦中の爆撃によって多くの都市が焦土と化したため、ほとんどゼロからのスタートであったにもかかわらず、戦災からのわが国の復興は、めざましいものがあった。復興が始まってわずか一〇年という昭和三一（一九五六）年の経済白書において「もはや戦後ではない」といわれたことは、その象徴とでもいうべきであろう。

この変化は、経済に限ったことではない。高度経済成長を経て工業化が進展していく過程において、社会構造もまた大きく変化していった。戦争末期、都市への爆撃を避けるため、多くの住民が農村に疎開した。彼らは、戦争が終結すると、漸次都市へと戻ってくるようになった。また、国外で転戦していた軍人も、次々と復員した。その結果、終戦直後一時的に農村に集中していた人口は、次第に都市へ流入することになった。

こうした都市への人口集中は、戦後の工業化の進展につれて、労働力の需要が豊富な都市への流入という形で、さらに進むこととなった。それは一面においては様々な都市問題を引き起こし、他方で農村の荒廃をもたらす結果となった。

選挙制度という観点から見て大きな問題となるのは、区割りの問題である。第二次大戦終了と同時に、内務省は、総選挙を早急に実施することが求められると予想し、新しい選挙制度とその区割りの前提となる人口動態の把握が必要であると考えた。通常であれば、終戦の年、昭和二〇（一九四五）年に国勢調査が行われるはずであったが、終戦時の混乱のために実施することができなかった。そこで昭和二二年に、戦後初めて臨時の国勢調査が行われることとなった。このときの人口分布に基づいて、昭和二五（一九五〇）年の公職選挙法改正による区割りが行われ、これが政治改革にともなう小選挙区比例代表並立制の導入に際して行われた抜本的な区割り改定の基礎となる一九九〇年の国勢調査まで、基本的な点では維持されることとなった。

選挙区割りの改正は公職選挙法上で規定されている通り、その変更には、当然国会の議決を経なければならない。しかし、既存の選挙区割りの下で当選した国会議員にとって、その選挙地盤の変更をもたらす選挙区割りの改定に対しては、慎重にならざるをえない。したがって、大きな人口移動とそれに対応する選挙区割りの変更は、それほど簡単なことではないのである。

この結果、日本における一票の格差は非常に大きなものとなり、例えば昭和四七（一九七二）年の総選挙に際しては、大阪三区と兵庫五区とで四・八四倍と、一票の格差が最大五倍近くにまで跳ね上がった。

こうした定数不均衡問題について、裁判所はどのような判断を示しているだろうか。定数不均衡問題のもたらす投票価値の不平等は、基本的人権にかかわる問題である。しかしこの問題が取り上げられるようになったのは、第二次大戦直後になってからのことである(1)。しかもアメリカにおいて当初、コールグローブ対グリーン（Colegrove vs. Green）事件にみられたように、連邦最高裁は、裁判になじまない政治的問題であるとして、具体的な判断を避けていた。連邦最高裁がより踏み込んだ判断を示すようになったのは、一九六二（昭和三七）年のベイカー対カー（Baker vs. Carr）事件が初めてである。この事件において初めて連邦最高裁は、司法積極主義の高まりに対応して、定数不均衡問題は政治問題ではなく、司法がこれに関与するべき問題であるとの判断を示している。そしてわが国においても、これと同じく司法積極主義の立場がとられるようになった。

わが国で最初に選挙無効訴訟が行われたのは、昭和三五（一九六二）年の参院選をめぐってであるが、これ以降、定数不均衡を理由とする選挙無効訴訟が次々と提起されるようになった。とりわけ昭和五一（一九七六）年の最高裁判決において、初めて定数の不均衡が違憲であるとの判断が示されるにいたり、定数不均衡問題がより大きくクローズアップされることとなった。

この事件は、昭和四七（一九七二）年に行われた衆議院議員選挙において、一票の格差が最大で四・九九倍となっていることについて、千葉県第一区の選挙人らが、これは投票価値の平等に反するものであるとして、選挙無効の訴えを起こしたものである。この判決によると、投票の価値の平等が、「最も重要かつ基本的な基準(2)」であるとして、憲法の求めるものであることを示す一方で、行政区画や住民構成等、非人口的要素の存在を認め、違憲審査上の厳格な基準は設けなかった。しかし他方で最高裁は、投票価値の不平等が、国会において考慮しうる諸般の要素を斟酌してもなお、一般的に合理性を有するとは到底考えられない程度に達しており、かつ、人口の変動の状態を考慮して合理的期間内における是正が憲法上要求されていると考えられるのにそれが行われない場合には、これは違憲状態にあるとする基準を示した。そしてこの事件に関しては、八年以上もの間是正が行われなかったことを考慮すると、この四・九九対一の格差は、投票価値の平等に反するものであるとの判断を示した。しかし選挙の効力そのものについては、行政事件訴訟法三一条における事情判決の法理を援用して、選挙全体を無効にすることにより生じる不都合を回避するため、これを有効であるとした。

事情判決の法理をめぐる諸問題については、ここでは詳しく触れないが、この違憲判決がわが国の定数不均衡問題に対して与えた影響は、決して小さなものではなかった。(3)

これら司法的判断が下されたことは、単にそれが司法としての判断を示したという意義を持つのみならず、国会において定数不均衡の是正という問題に正面から取り組まざるを得なくなったことを意味した。しかし実際には、国会の動きは決して迅速といえるものではなかった。中選挙区制が採用されていた時期、特に五五年体制の成立以降に限ってみていくと、大規模な定数是正が行われたのは二度である。最初の定数是正は、昭和三九（一九六四）年のもので、この時は奄美諸島返還にともなう新しい選挙区の創設との抱き合わせという形で、合計二〇名の定数増が行われた。これにより、格差は最大で一対二・一九にまで是正されることとなった。しかしこの時の是正は、当初第二次選挙制度審議会が答申した案に対しての国会内からの強い反発があり、あくまで当分の間の臨時措置として決定されたものであった。そして実際、それから一〇年にわたり、沖縄返還の際に沖縄県分の定数が増やされた以外は、定数不均衡を是正するための方策は採られなかった。まさに高度経済成長期、人口の都市部への集中が加速していた時代に、定数不均衡の問題に進展がなかった結果、一九七二年の総選挙の際には、格差が五倍に迫るという状況になってしまった。

二度目の定数是正は、昭和五〇（一九七五）年の公職選挙法改正の際のもので、二〇名の定数増となった。これにより格差は最大で一対二・九二となった。しかしその後も格差は拡大し続け、昭和五八（一九八三）年の総選挙の際には最大で約五倍という格差となった。その後、幾度かの定数配分の是正を経て、格差は最大で三倍程度に抑え込まれた。この格差をどうとらえるかについては、いろいろと議論もあろう。(4) しかしながら、法の下の平等という観点のみならず、わが国の政策形成のあり方を考慮した場合でも、こうした格差は可能な限り縮小せられるべきであるといえよう。

こうした点から見られるように、一票の格差は、憲法上大きな問題をはらんでいる。この一票の価値が農村部では重く都市部は軽いという状態は、単に憲法上の問題をもたらすばかりではなく、政策形成に関する問題をも引き起こす。

仮に国会内において、農村部選出の議員の割合が、その時々の日本の社会構成を大きく逸脱して多いとすれば、立法機関たる国会内で形成される諸政策は、必然的に農村に偏ったものとなるだろう。このような状況は、ある意味でわが国の政策形成のあり方を歪めてしまう危険性をともなう。したがって一票の格差の問題は、日本の政策形成に関する問題をもはらんだものであり、早急に改善される必要があろう。

そこで、戦後のわが国の選挙制度がいかなる構造を持っており、それがどのように政策形成に影響を与えてきたのかを明らかにする必要がある。そこでまず、わが国において選挙制度そのものが、いかなる過程で発展していったのか、そしてそれがデモクラシーの観点からどのような意味を持っているのかについて考えてみたい。

# Ⅱ　選挙制度とデモクラシーの理念

近代議会政治が始まってから現代に至るまで、選挙はさまざまな制度のもとで行われてきた。そしてまた選挙は、いかなる制度のもとにおいても、その背後には一定の理念が存在していた。

そもそも議会政治は、市民国家の登場に対応する形で、納税者たる市民の納めた税は、市民のために有効に活用されなければならず、一部の貴族や専制君主らが恣意的に濫用することは許されないとする理念に基づいて発展してきたものである。そしてさらにさかのぼればこれは、西欧諸国において、国王が新たに課税をする際には貴族らの同意を得なければならないという、いわゆる課税同意権に端を発する。

もちろんこの時期における議会は、近代議会とは全く形式を異にするものである。一三世紀から一七世紀頃にかけて存在していた議会は、聖職者や貴族、市民などの各身分がそれぞれ選出する代表によって構成されており、いわば身分制議会とでも呼ぶべき形式をとっていた。そして議会における議員とは、選出母体であるところの各身分の代表者とされていた。したがって彼ら議員の議会における行動は、自らの属する選出母体によって拘束されており、また議会における国王の諮問に対する同意は、すなわちその選出母体そのものを拘束することとされた。初期議会は、こうしたいわゆる命令委任の形式をとっていたのである。

このように議会は、税の徴収や配分に関して、国王の専横を排するという目的のために各身分の代表者を中核としながら発展してきた。しかしながら、このような命令委任という形式をとる限り、近代議会の発展は見込むべくもない。なぜなら命令委任は、社会的に階級が分裂していることを前提としているものであり、平等を基本原理とする近代デモクラシーとは相容れないものだからである。また、こうした身分制議会としての性格を持つ初期議会は、選挙権そのものも一部の高額納税者や身分的に高位のものにのみ与えられていた。したがって、こうした議会のあり方は、やはり平等選挙をその基本的要素とする近代デモクラシーの理念からはかけ離れていることになる。

やがて産業革命により市民階級の影響力が増大し、国民主権の概念が確立してくると、こうした命令委任の形式は変化していった。中産階級の台頭にともなって社会的同質性がある程度確保されたため、身分制議会が意味をなさなくなったためである。また、自由主義の影響が強まった結果、人間は何よりも自らの意思に従って行動することが望ましく、他のものに行動を規制されることは望ましくないという思潮が広まったことも、決して無縁とはいえない。こうして議員は、その出身母体とは直接関係することなく活動し、一方その母体は、次の選挙で支持するか否かをもって政治的に責任を問う、いわゆる代表委任に変化していった。

一七七四年には、イギリスのE・バークが、議会に選出された議員は、一地方における利益や損得ではなく、国家全体の利益や善のために活動しなければならないとする、いわゆるブリストル演説を行った。これが代表委任の理念を確立するものといわれる。また、フランス革命後の一七九一年憲法は、命令委任を廃し、国民議会における代表者は全国民の代表者であり、国民は代表者に対して何ら委任することができないとした。こうして、命令委任から代表委任へと代表制の理念は変化し、近代デモクラシーにおける議員は、国民全体の代表であるとされるようになったのである。

こうした経緯により誕生した、近代デモクラシー下における選挙制度は、五つの基本原則の下に確立されている。

まず、普通選挙の原則である。これは、狭義では財産や納税額、広義ではそのほかに教育、性別などを選挙権の要件としないとするものである。

第二は、平等選挙である。これは、特定の有権者に二票以上の投票を認める複数選挙や、有権者を特定の等級に分けて等級ごとに代表者を選出するという等級選挙を排し、一人一票を原則として、有権者の一票の価値は等しくなければならないとするものである。

第三は、自由選挙である。立候補の自由の侵害や選挙干渉を受けたり、あるいは立候補を棄権した場合であっても、それを理由に不当な権利侵害が行われてはならない、とする原則である。

第四は秘密選挙で、これは個々の有権者がそれぞれ誰に投票したのかを秘密にするというものである。特に社会的弱者が強者に不当な圧力をかけられたりしないようにすることで、自由な投票を確保することを目的とする原則である。

第五は、直接選挙である。有権者が議員を直接選ぶのであり、有権者が投票するのは議員を選出するための選挙人ではないというものである。選挙人が議員を選出する場合、これは間接選挙と呼ばれる。

さらに近代議会制度における選挙制度は、二つの側面から分類することができる。一つは、一つの選挙区から何人の代表を選出するのかというものである。この区分では、各選挙区から一人を選出するという小選挙区制と、複数を選出する大選挙区制とに分類することができる。これにしたがえば、一つの選挙区から三~五人を選出する中選挙区制は、大選挙区制の一形態ということになる。

特にわが国では、一般的にこうした区分を用いることが多いが、学術的にはこれとは別の、もう一つの側面から分類する。それは、有権者の票をどのように代表選出に反映させるのかという、代表制のあり方から見たものである。この区分にしたがえば、選挙制度は大まかに見て、多数代表制と比例代表制、さらに少数代表制とに分けることができる。

多数代表制とは、選挙区内における票の多数を獲得したものが当選すると考える制度である。言い方を換えれば、選挙区内における多数派の意思が選挙結果に反映されている制度である。この多数代表制の典型的な例が小選挙区制である。またこのほかに、大選挙区完全連記制がこの多数代表制にあたる。

一方比例代表制は、有権者の政党支持の状況を議会の議席配分に反映させる制度である。この場合、できる限り有権者の票を生かし、多様な集団の多様な利益を議会に反映させることが叶うという点で優れているとされる。

少数代表制は、議会とは国民全体の代表であるから、たとえ少数派であってもこれに対して一定の議席を与えるべきだとする考え方に基づいている。かつての日本における中選挙区制や大選挙区制限連記制がこれに相当していたが、現在ではこの制度を用いている国は存在しない。

## Ⅲ　選挙制度の差異による議会構成の変化

次に、このように区分される代表制は、それぞれどのような効果を持つのかについて見てみたい。多数代表制においては、選挙区内における多数派に議席を与えることとなる。言い換えれば、最も多くの民意を獲得することができる主張を行い、民意の集約に成功したもののみが、当選できるわけである。つまり多数代表制の場合、選挙によって政権を形成することをその大きな目的としている。

さらに、民意の集約が選挙によって達成されるということは、民意が変化したときにその結果が顕著に得票に表れやすく、政権政党の失政によって民意が政権政党から離れたとき、その結果は議席の形で明らかになりやすいということである。またよく知られるように、M・デュベルジェは、小選挙区制は二大政党制をもたらしやすい性質を持つと主張した。[5]いずれにしても、こうした視点からすれば、小選挙区制は政権交代を容易にしやすい制度とされる。

しかしながら一方で、こうしたデュベルジェの二大政党制に関する定式化については、S・ロッカンからの批判がある。ロッカンによれば、選挙制度はその国の社会構造、ひいてはそうした社会構造に対応して形成される政党システムに応じた形で採用されることが多いというのである。[6]とりわけ、選挙母体が異質性に富み、利害が錯綜しているような国においては、そうした多様な民意を集約することは困難になる。したがってこのような国々では、そうしたリスクを考慮すると、小選挙区制を導入することが困難であり、社会的集団の数に応じた形で比例代表制を採用することが望ましいということになる。

この比例代表制は、世論の状況を鏡のように議会の議席配分に反映させるということについては先述したとおりであるが、同時にすべての票が議席配分に活用されるわけであるから、小選挙区制とは異なり死票を最小限に抑えることができる。小選挙区制にはいわゆる「三乗の法則」と呼ばれる経験則があり、議席の比率が得票率の三乗に比例するとされている。したがって多数代表制は、死票が増え、大政党にとって有利で小政党にとっては非常に不利な制度といえる。こうした点から比例代表制は、小選挙区制とは異なり、新たな利害を代表する政党の参入を容易にし、より新しくより細かな利害を議席に反映させることが可能となるという点において、多数代表制よりも優れているとされる。加えて比例代表制は、政党に対して票を投ずる制度であるから、選挙は個人ではなく政党、ひいては政策を中心として行うことができるという主張も見られる。

しかしながらその一方で、比例代表制は近代デモクラシーの観点から一つの問題を持っている。比例代表制において議員は、自らが属する社会的集団の代表という性格を持ちやすくなる。このため議員はその選出母体の意向を無視して行動することが難しくなる。その結果、比例代表制の下においては、代表のあり方が命令委任的性格を持つこととなってしまうのである。

このように、民意を集約して政策形成を容易にする多数代表制と、社会的な亀裂を補うことのできる比例代表制とでは、その理念において異なるところがあるものの、それぞれ長所と短所が存在する。わが国において導入された小選挙区比例代表並立制は、この両者の長所を取り入れることを目指して導入されたものである。次に、この新しい選挙制度が導入されるに至る歴史的背景について見ていきたい。

## Ⅳ　日本の選挙制度の変遷

明治二三（一八九〇）年の帝国議会から始まるわが国の選挙制度は、もともとは小選挙区制を原則としていた。また、当時の選挙は制限選挙であり、普通選挙制度が導入されるのは、大正一四（一九二五）年のことであった。さらにこの当時は、秘密選挙も確立されておらず、署名の上投票することとされていた。

やがて一九世紀末頃の産業化の進行にともない都市居住者が増加したため、人口の増加した都市に対して議席を増加させるという観点から、明治三三（一九〇〇）年に、一定規模以上の市については、二人区完全連記制を併用する制度が導入された。これ以外にも秘密投票制が導入されるなど、制度上大きな変更が盛り込まれたとはいえ、代表制そのものとしては多数代表制が継続されていたわけである。

この二人区完全連記制は、都市を二つの選挙区に等分割することが困難であること、また都市におけるコミュニティを維持する必要があるという、二つの観点から導入されたものである。理論的には、当時、二人区完全連記制が導入されれば、有権者は同一政党の候補者二人にそれぞれ投票し、有権者の特定の政党への支持が進むはずのものであった。しかし実際には、有権者は同一政党ではなく、むしろ知名度の高い候補者に投票する傾向が強く、別の政党の候補者にそれぞれ一票ずつ投票することが多くなり、しばしば理論的に予想される傾向とは異なる結果をもたらした。

その後、大正八（一九一九）年に原敬内閣の下で、一部の選挙区で例外的に二人区、三人区が存在していたことを除いて、小選挙区制が復活した。これは、農村部をその主要基盤とする政友会が、都市部における立憲同志会や立憲国民党の躍進に対して危機感を抱き、党勢を確保するために導入したものである。小選挙区制を導入すれば、議会における絶対多数を確保できると考えられたからである。

実際政友会は、この直後、大正九（一九二〇）年の選挙において圧倒的な勝利を得た。しかしこの時の選挙については、政友会が圧勝したという事実に見られるように、大政党に非常に有利なものとなるばかりではなく、現職議員にとっては再選を果たしやすいという点で都合のいい制度となっていた。事実、現職議員が警察を利用して他の候補者の選挙運動を妨害するなどの選挙干渉が頻発した。選挙干渉そのものは、第一回の総選挙から行われており、日本の選挙そのものにおいて大きな問題となっていたものであったが、とりわけこの時の選挙干渉は大きな問題となり、こうした制度自体に対する批判が強まった。

結果として小選挙区制は見直され、大正一四（一九二五）年に第二次護憲運動の結果生まれた普通選挙制度においては、選挙区の定数が三から五の中選挙区制が導入されることとなった。この中選挙区制は、大選挙区制と小選挙区制の双方に存在する欠陥を、その中間をとることによって抑制することができるされたが、実際には農村に強い政友会、概して都市に強い憲政会、大都市を主要基盤とする立憲同志会という、護憲三派の議席を保障する妥協の産物として導入されたものであった。そしてこの、日本独特の制度が、第二次世界大戦直後の一時期を除いて約七〇年存続し、戦後日本の政治に大きな影響を残したのである。

普通選挙制度の導入と、これ以降のいわゆる「憲政の常道」と呼ばれた、政友会と憲政会（民政党）とが交互に政権を担当するという二大政党時代は、確かに戦前日本におけるデモクラシーの最高潮期を迎えていたといってよい。しかし、この時代は長続きするものではなかった。関東大震災により生じた金融問題の処理に端を発する金融恐慌は、日本を底なしともいえる不況に陥れた。さらに昭和に入ると、世界中を大恐慌の波が襲い、日本も容赦なくその波に飲み込まれた。こうした中、危機的状況に陥った日本を立て直すために、軍部に対する期待が高まっていった。その背景として、議会にある政権与党が、こうした不況下であまりに露骨な利益誘導政治を行ったため、国民の信頼を完全に失ってしまったことがあげられる。

いずれにせよ、軍部はやがて国民の支持を受けて勢力を拡大した。その後、五・一五事件で犬養毅首相が暗殺されたことにより、二大政党の時代は終わりを告げた。そしてこれ以降終戦まで、政党出身者を首班とする内閣が政権を掌握することはなかった。一九四〇（昭和一五）年、近衛新体制のもとに大政翼賛会が設立されたことで、戦前日本における政党政治は完全に終焉を迎えることとなった。

戦後第一回目の選挙は、一九四六（昭和二一）年に行われている。この時の選挙制度は、大選挙区制限連記制で、東京、大阪など七つの都道府県を除いては全府県一区とされ、定数が十以下の場合には二名連記、一一名以上の場合には三名連記で投票するものとなっていた。

この新しい制度は、新しい民主主義国家を設立する上で、戦前の腐敗した政党政治家のトップを排除することを狙った、内務官僚の強い意思が働いていたものである。戦後第一回目の総選挙では、戦前の古い選挙制度を変えることによってそうした腐敗政治家の選挙基盤そのものを変革させ、彼らの登場を抑制することが目指されていた。

また一方、新しい選挙制度の導入については、比例代表制を推す意見もあったとされる。しかしこうした意見に対しては、比例代表制導入は日本の実情から考えれば時期尚早であるという意見が勝ちを収めた。結果として、古い政党の枠組みにとらわれない、新人の出馬しやすい制度として、この大選挙区制限連記制が採用されたのである。事実、選挙の結果、大量の新人立候補と小政党が乱立し、婦人参政権が与えられたこともあり、議会内は多党化の様相を呈した。

新しい憲法制定のための制憲議会としての役割を担っていたこの議会は、新憲法の制定にともなって、解散総選挙が行われた。しかし、この選挙制度は、さまざまな点で強い批判を受けることとなった。その主なものは、政党よりも個人の人気が得票を左右したという点である。一選挙区あたりの定員の増加と、有権者が複数票を投じることができるようになったことにより、結果として選挙は、個人の人気投票的な性格を帯びることとなり、必ずしも政党やその政策の差によって当選者が決まるというものではなくなってしまった。事実、それぞれの有権者に与えられた複数の票が、別の党所属の候補者に投ぜられるという現象が多く見られた。また、この時から認められるようになった婦人候補者についても、複数票が与えられたために、同じ女性だから、あるいは珍しいからという理由で投票するものも多くあった。(7)

このように、戦争直後に導入された大選挙区制については多くの不満や批判が集中したため翌年の昭和二一（一九四六）年、新憲法施行の準備として行われた第二回目の総選挙においては、戦前の中選挙区制が復活した。戦前の選挙制度に戻した明確な理由については明らかにされていないが、結局は手慣れた戦前の制度としての中選挙区制が復活することとなった。だが、この時復活した中選挙区制の選挙区割りが、結果として一九九〇年代に至るまで日本の政治情勢を左右することとなるのである。

# Ⅴ　選挙にみる都市と農村

先述のように、この時の中選挙区制の区割りは、昭和二二（一九四七）年の国勢調査、つまり戦後二年と経ていない人口データをもとに作成されたものである。日本の本格的な復興とともに都市部への人口回帰が始まると、当然この時の、人口の少ない都市部には少なく、人口の多い農村部に多く議席を割り振られていた区割りは、日本の都市と農村との現実を表しているものとは言い難いものとなっていった。

こうした選挙を巡る都市と農村とにおける現実との乖離は、我が国の政治のあり方を根本的に決定づけることとなった。実際、わが国の政治過程において、都市と農村との関係が大きな意義を持つということは、早くから指摘されてきた。例えば内田(8)は、都市化にともないデモクラシーそのものの質的変化が生じると指摘する。とりわけ、人口集中とそれによる人口流動化は、選挙民の政治参加に大きな影響を及ぼすとした。また小林(9)は、数量的な指標を用いて、わが国の投票行動は、都市―農村という軸によって規定される部分が大きいことを証明している。

わが国の選挙、ひいては政策形成においては、内田や小林が指摘するとおり、都市―農村の関係が大きな影響を及ぼしていることは疑いがない。そこでまず、都市と農村という軸から分析を進める以上、なにをもって都市と農村とを区別するのかを明確にしなければならない。都市と農村とを区別する指標としてよく用いられるのが、人口集中地区（ＤＩＤ）を用いる手法である。これは、人口密度が一平方キロあたり五千人以上の地域が連続している地域を人口集中地区とするというもので、国勢調査で昭和三五（一九六〇）年から導入されている指標の一つである。確かに、人口の集中ということは、都市と農村とを区別する重要な要素の一つであり、これを用いて両者を分類することには大きな意味がある。

しかしその一方で、単なる人口の集中のみでは、必ずしもわれわれの考えるところの「都市」と「農村」とを区別することにはなり得ないとする考え方も存在しよう。人口規模や人口密度だけではなく、第二次・第三次産業人口比という要素も加味しなければ、正確な意味での都市とはなりえないと考えることもできる。あるいは田村のように、[10]都市とは生活するための共同装置が存在しなければ暮らしてゆけない場であるとするものもあり、単純に数値的に都市と農村とを区別することは、必ずしも完全に妥当なものであるとすることはできない。とりわけ政策形成との関連性で議論しようとなると、様々な指標を用いて両者の差異を明らかにした方が望ましいのかもしれない。

しかしながらその一方で、都市と農村とを区別する指標を可能な限り単純化することにより、分析を容易かつ汎用性の高いものにすることができる。そしてまた、なによりも、現代社会に見られる、都市化にともなう人口の集中と流動化という大きな側面を見ることが可能になる。

こうした観点から、ＤＩＤ人口比を都市と農村とを区別する指標として用い、ここでの分析のために利用することとしたい。

まず、昭和三五年の時点において、それぞれの選挙区においてＤＩＤ人口比がどのような分布を見せていたのかを見てみたい。この時点では、ＤＩＤ人口比が二〇〜三〇％の選挙区が最も多く、全体の三割以上を占めている。二番目に多いのが、ＤＩＤ人口比三〇〜四〇％の選挙区で、これは二割弱となっている。当然のことながら、選出された議員数についても、ＤＩＤ人口比が二〇〜三〇％の選挙区から選出された議員の数が最も多くなっている（図1）。

**図1　各選挙区におけるDID比率ごとの議席数（昭和35年）**

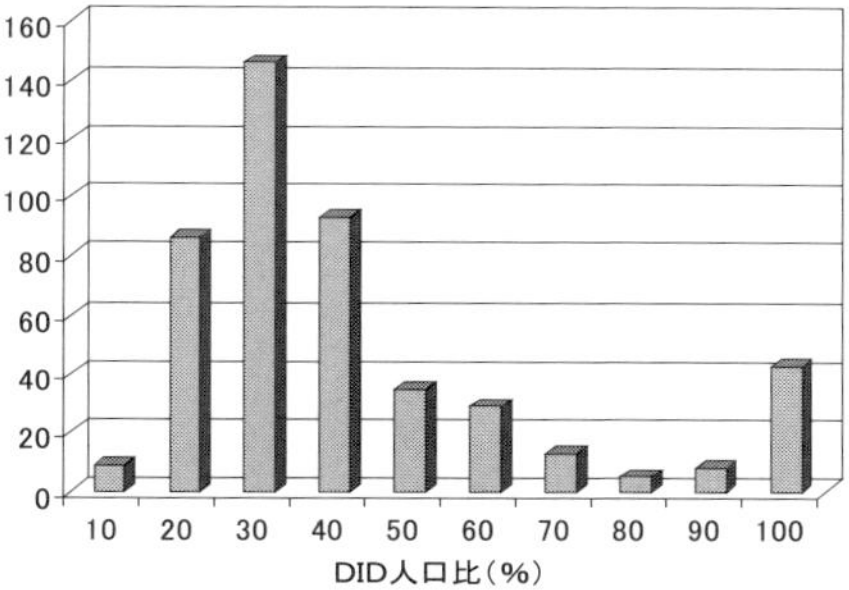


それに対して、全国の主要都市の多くがＤＩＤ人口比で六〇％を超える[11]ことから考えて、ＤＩＤ人口比六〇％以上の選挙区を「都市型」選挙区とするならば、「都市型」選挙区から選出された議員数は非常に少なく、一五％にも満たない。したがって、高度経済成長が始まったばかりの一九六〇年の時点では、実に九割近くもの議員が農村型選挙区選出の議員であったということがいえよう。

図2　各選挙区におけるDID比率ごとの議席数（昭和42年）

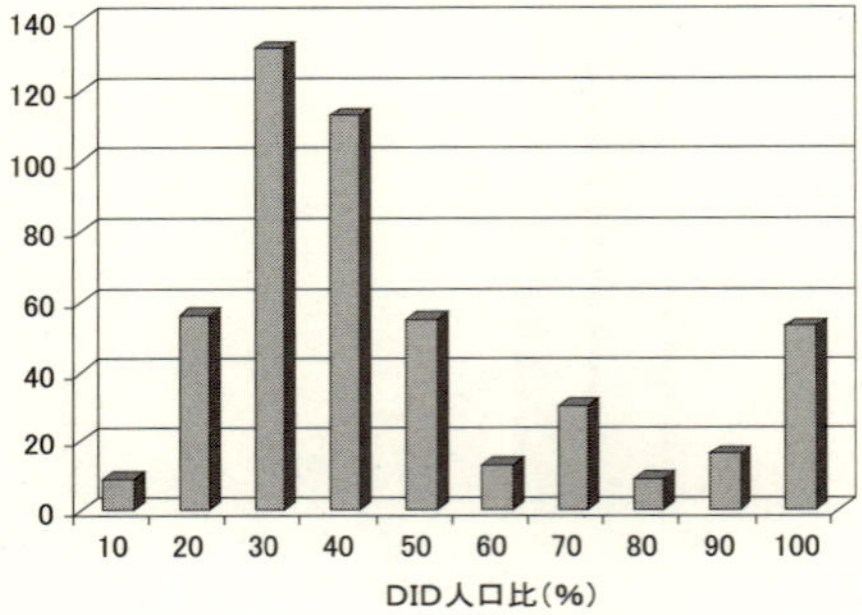


これをその当時の日本の状況と比較してみると、総人口に対するDID人口の割合は、四割を少し越えた程度となっている。この時の一票の格差が三・二三倍であるわけだが、いずれにせよこの時の状態は明らかに、すでに農村の過剰代表という状況を生みだしていることがわかる。

年を追ってみていくと、昭和四二（一九六七）年の選挙の場合、昭和四〇（一九六五）年の国勢調査に基づいて見てみると、最も選出議員数が多かったのは、一九六〇年の時と同じく、選挙区内のDID人口比が二〇～三〇％の選挙区であった。ただし、その比率はやや下がって三割を切っている（図2）。反対に、選挙区内DID人口比が三〇～四〇％の選挙区は、その割合を上げており、二五％近くにまでなっている。しかしこの時においても、農村型選挙区が非常に多いという状態に変化はなく、選挙区内DID人口比が五〇％以下の選挙区から選出された議員の数は、全体の約七五％を占めている。そしてこの時、日本の人口全体におけるDID人口の割合は、約四八％である。

昭和五一（一九七六）年の選挙の時には、こうした状況に、わずかながら変化が訪れることとなる。昭和五〇（一九七五）年の国勢調査に基づいて、各選挙区ごとのDID人口比を調べた結果、も

図３　各選挙区におけるDID比率ごとの議席数（昭和51年）

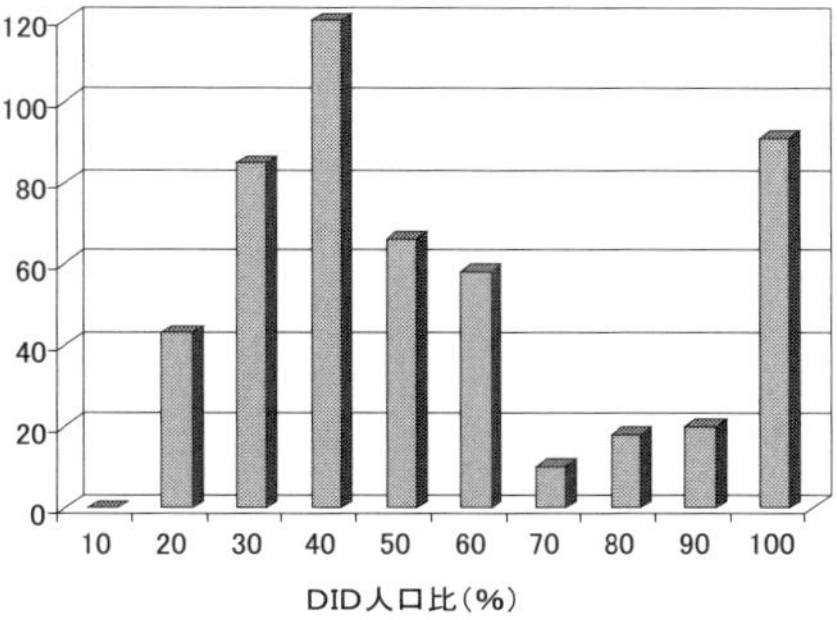


っとも割合が多かったのは、選挙区内のＤＩＤ人口比が三〇～四〇％の選挙区から選出された議員であった。そして、次に割合が多いのが、ＤＩＤ人口比が九〇％を超える、「都市型」選挙区の中でも特に都市的傾向の強い選挙区、いわば「強都市型」とでもいうべき選挙区から選出された議員となったのである（図３）。こうした傾向は、高度経済成長期以降、より都市部に居住する国民が増えたことと、それに対応して、選挙区割りや定数の変更が行われていたためであろう。いずれにせよ、この時期から、選挙区の都市化とでもいうべき現象が明らかとなっていくのである。

一九八〇年代に入ると、一九七〇年代以降顕著になった傾向、すなわち、「強都市型」選挙区から選出された議員の数が増加しているという傾向は、さらに進むことになる。昭和五八（一九八三）年の総選挙についてみてみると、とりわけ、「強都市型」選挙区選出議員の数は、依然として最多数を占めているＤＩＤ人口比三〇～四〇％の選挙区から選出された議員の数と、ほとんど変わらなくなっている（図４）。

また同時に、この頃に関連して注目しなければいけないのは、ＤＩＤ人口比が四〇～五〇％の選挙

図4　各選挙区におけるDID比率ごとの議席数（昭和58年）

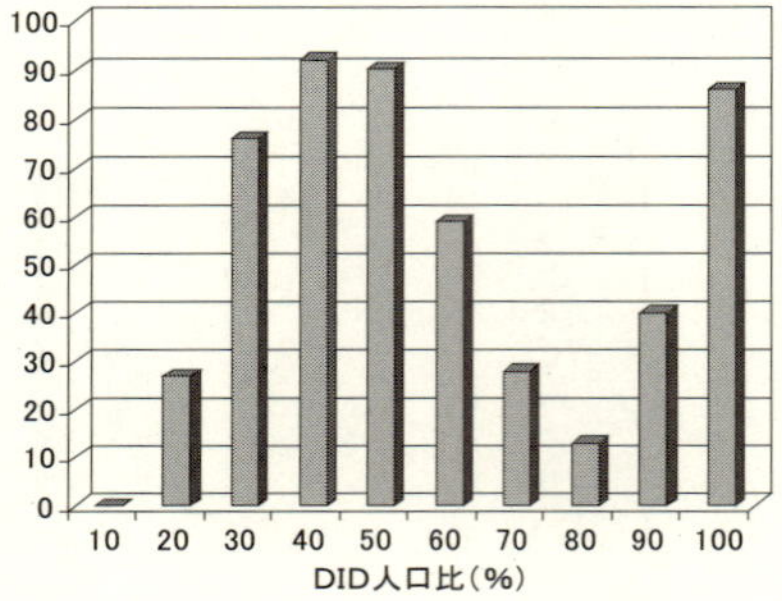


図5　各選挙区におけるDID比率ごとの議席数（平成5年）

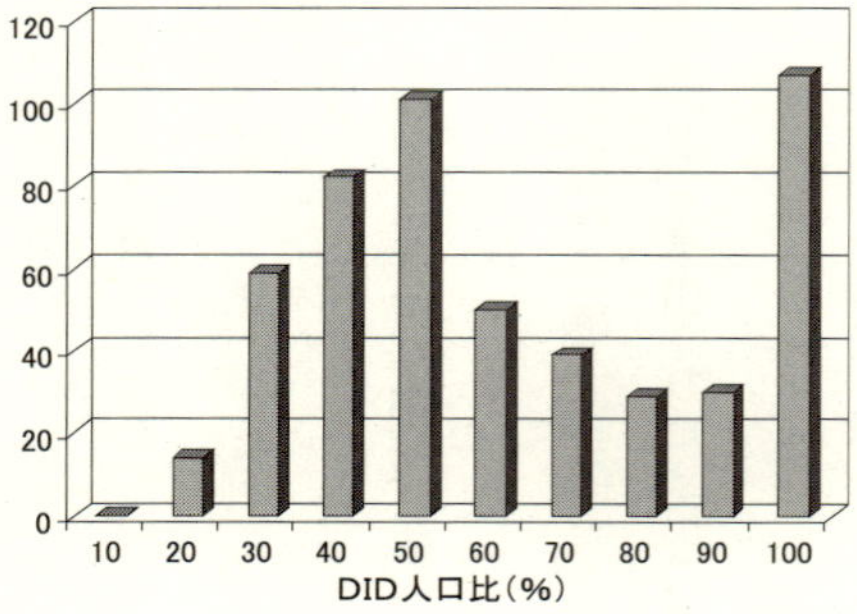


区から選出された議員の数が急増し、ＤＩＤ人口比三〇～四〇%の選挙区に肉薄しているという点である。そのかわり、ＤＩＤ人口比三〇～四〇%の選挙区から選出された議員の数は、三〇近くも数を減らしている。一九七〇年代から八〇年代にかけて最も大きな変化として見て取れるのは、この点であろう。

さらに、一九九〇年代に入ってからの状況に目を移したい。平成五（一九九三）年の選挙の結果では、九〇年代に入ってから、はっきりとした傾向あらわれていることがわかる。それは「強都市型」選挙区選出議員の数が、最多数を占めるようになったということである（図5）。同時に、ＤＩＤ人口比四〇～五〇%の選挙区から選出された議員の数についても、依然として数をのばし、全体の中で二番目に数が多くなっていることに注目する必要があろう。

こうした結果は、果たして何を表しているものであろうか。一九六〇年代、最も議員数の多かったのは、主にＤＩＤ人口比が二〇％に満たないような、いわば「純農村型」選挙区とでも呼ぶべき選挙区と、ＤＩＤ人口比二〇～六〇％程度の、「都市型」選挙区とまではいかないものの、ある程度都市化の進んだ「半農村型」選挙区とでも呼ぶべき選挙区であった。一方、都市部においては、その議員数は圧倒的に少なく、それ以外の選挙区から選出された議員の数をすべて合わせても、全体の三割程度にしかならない。すなわち、一九六〇年代においては、わが国の国会に選出される議員は、明らかに農村選出議員の方が多かったのである。

しかし高度経済成長期を過ぎ、与野党伯仲と呼ばれる時期に入ってくると、選出議員の構成も変化を来してくる。一九七〇年代以降、特に顕著になったのは、ＤＩＤ人口比が四〇～六〇％程度の選挙区から選出された議員が、次第に増えていったということである。こうした選挙区を、仮に「準都市型」選挙区と仮に呼ぶことにすると、これら「準都市型」選挙区の割合は、全体の四分の一を占めるようになる。一九六〇年代初頭と比較して、割合にしてほぼ倍に増加しているのである。

また、もう一点、この頃から明らかになり始めたことは、「強都市型」選挙区から選出された議員数の増加である。すなわち、六〇年代から七〇年代への変化は、都市選出議員の増加が顕著になり始めたということに他ならない。

八〇年代以降になると、こうした傾向はさらに異なった様相を見せ始めた。それは、DID人口比が六〇%以上の、「都市型」選挙区から選出された議員の数が、次第に増えているということである。図表を参照すると、七〇年代まで最多を占めていた「準都市型」選挙区の山が、次第よりDID人口比が高い方へと移動しているようにも見える。

こうしたことから、一九六〇年代以降、わが国の選挙区割りは、次第に都市化の傾向を強めており、その一方で「純農村型」選挙区の数は減少する一方であることがわかる。一九六〇年には一割にも満たなかった、「強都市型」選挙区選出議員の全体に占める割合は、九三年の総選挙時には、二割を超えているのである。しかし「純農村型」選挙区の場合は、逆に一九六〇年の時は二割を超えていたものが、九三年には三%にも満たなくなってしまっている。

また同時に、「半農村型」選挙区から「準都市型」選挙区、そして「都市型」選挙区への移行も見逃すことはできない。まさにこれは、わが国において、有権者が農村から都市部へと移動していることの現れといえよう。そしてそれは同時に、日本の政策形成の中心が、農村から都市へと移りつつあることをも意味するのである。

しかしながら一方で、実際には各選挙区の定数が、現実のＤＩＤ人口比を反映していないということもまた事実である。例えば、国勢調査によると、昭和三五（一九六〇）年の時点でＤＩＤ内人口は四千万ちょっとで、全人口の四割強であった。しかしこの時、ＤＩＤ人口比が六〇％を超えるような、「都市型」選挙区から選出された議員は、全体の二〇％少々にしかならない。これに、より農村部をも選挙区に含めた「準都市型」選挙区を含めて、ようやく五割弱になる程度である。そして平成七（一九九五）年の世論調査では、ＤＩＤ人口比が約六五％となり、都市部に居住する有権者の数が、農村部を圧倒的に上回っていることがわかる。しかし、平成五年の総選挙においても、「都市型」選挙区から選出された議員の数の比率は、依然として四割程度と、全体の半数にも満たないのである。「準都市型」選挙区を含めて、はじめて七割弱程度の比率になる程度であった。

もちろん、先述のとおり、ＤＩＤ人口比のみで都市と農村の軸を完全に決定づけることはできないし、また「準都市型」選挙区が、必ずしも都市的な色彩を持った選挙区ではないとも言い切ることはできない。しかしながら、こうした分析の結果、わが国の人口動態は明らかに都市化への傾向を強めているにもかかわらず、選挙区割りはこれに追いつくことができず、第二次大戦直後に作られた区割りを踏襲しているがために、農村優位の選挙制度を続けていたことは、明らかであろう。

## Ⅶ　おわりに

こうした農村優位の選挙制度は、当然国会における政策形成にも、大きな影響をもたらすこととなった。五五年体制下、その基幹をなしていた政党、すなわち自民党と社会党が、農村部を重要な選挙基盤としていたことは、決して偶然ではない。むしろ、選挙制度上優位にあった農村部を基盤とすることにより、国会内における優位を確保することが可能となったのである。いわば農村部は、五五年体制を根本から支えていたとも言えよう。

戦後の中選挙区制時代に行われた定数是正は、主なものをあげるならば、先述の通り昭和三九年と昭和五〇年の二回である。しかしこれは、これら分析からもわかるとおり、昭和二二年の国勢調査に基づく区割りの、基本的な性格を変えるまでには至っておらず、そもそもの問題点を克服することはできなかった。

こうした状況は、九〇年代に大きな流れとなった政治改革によって、大きく是正されていった。そして平成八（一九九六）年以降、小選挙区比例代表並立制の下で、総選挙が行われている。実際この新しい選挙制度により、一票の格差は大きく改善されたとされる。[12] しかし、憲法上通説とされている、一票の格差二倍未満には、依然として遠く及ばない。これは、新しい選挙制度が成立する際に行われた、区割りの方法に問題があるとされる。すなわち、単純に人口に応じて議席を配分するのではなく、あらかじめ各都道府県に一議席を与えた上で、そこから人口に応じて議席を配分してしまったため、人口の少ない地方の各県に有利な区割りとなってしまったというのである。

結果として、農村優位の選挙区割りは、依然として日本の選挙制度に残ることとなり、一票の格差の問題のみならず、依然として農村優位という、本来の人口の構成とは乖離した議員の比率で構成された国会において、政策形成が進められるという、政策形成上の大きな問題を残すこととなったのである。

しかし、こうした一連の改革の結果、これまで目立たなかった対立軸、すなわち都市対農村という軸が明らかとなったことも確かである。特に都市対農村という見地から見た場合、中選挙区にあっては一選挙区あたりの人口が約一〇〇万人と、都市と農村が混在した地域をまとめて一選挙区としていた。これに対し、小選挙区制においては一選挙区あたり四〇万人となり、県庁所在地や主要都市がほぼ単独で一選挙区となることができた。しかし同じ都市部であっても、旧来型の産業を中心とする商業地域と、新興の給与世帯を中心とする、いわゆる無党派層が集中する住宅地域とでは、その支持層の差は明確になってくることも、忘れてはならない。

決して偏ることのない選挙区割りを実現し、民意を正確に国会における政策形成に反映させることこそ、実質的な意味での政治改革を達成するための第一歩であるといえよう。

（1）　堀江湛「違憲判決の政治的意味と定数是正の方向性」『ジュリスト』八四四号、三三頁。
（2）　最大判昭和五一・四・一四民集三〇巻三号二二三頁。
（3）　最大判昭和五八・一一・七民集三七巻九号一二四三頁。その後も、定数不均衡に関する訴訟は相次ぎ、そして昭和五五（一九八〇）年総選挙についでは、一九八三年に最高裁大法廷の判決が得られた。そこでは選挙の時点を不均衡是正のための「合理的期間」内であったとして、一対三・九四という格差をもたらす定数配分は合憲であるとした。また、平成二（一九九〇）年の総選挙について、平成五（一九九三）年に最高裁で出された判決においては、最大で一対三・一八という格差そのものは違憲状態であるが、選挙の時点では「合理的期間」は経過していないとして、合憲の判断を示している。
（4）　堀江、前掲三四〜三六頁。
（5）　M・デュベルジェ「デュベルジェの法則」（加藤秀治郎編訳『選挙制度の思想と理論』足書房、一九九八年）、二四四頁。
（6）　S・ロッカン「選挙制度」（加藤編訳、前掲書）、二八一〜二八三頁。
（7）　堀江湛「選挙制度と投票参加」内山秀夫・岡野加穂留・堀江湛・内田満『デモクラシーの構造』一二九頁。
（8）　内田満「都市化と選挙と代表制」『現代のエスプリ』一一九号。
（9）　小林良彰『計量政治学』成文堂、一九八五年。特に第四章。
（10）　田村明『現代都市読本』東洋経済新報社、一九九四年、一一頁。

(11)　平成七年度国勢調査においては、ＤＩＤ人口が一〇万人以上の市の場合、九七・五％の市でＤＩＤ人口比が六〇％を超えている。

(12)　一九九六年、最初の小選挙区比例代表並立制選挙においては、一票の格差は約二・三一倍であった。だが二〇〇一年現在この格差は拡大し、二・五七倍となっている。

# 第五章　議会制民主主義と選挙・政党

川﨑 政司

# Ⅰ　はじめに

議会制は、一般に議会を統治の中心に置くシステムと理解されているが、議会が制度的にそのような地位に置かれるのは、議会が国民の代表である議員によって構成される「国民の代表機関」としての位置づけ・性格をもつことによる。とりわけ、議会制と民主主義とが結合した議会制民主主義の下においては、主権者である国民が選挙によってその代表を選出し、その代表によって構成される議会における審議と決定により統治が行われるものとされ、国民の代表たる議員を選ぶ選挙はその基礎となるものである。その意味で、議会制民主主義の下での統治のプロセスは、選挙からはじまるということができるだろう。

また、代表民主制が基本となる現代国家において、選挙は、国民にとっても、国政にその意思を反映させる重要な機会・手段となるものであり、これまでのところ、実質的には、国民が国家意思の形成に直接に関与し得るほとんど唯一の機会となっているともいえる。

以上のようなことからすれば、いかなる選挙制度を採用し、どのような者によって議会を構成するようにするかということは、議会制民主主義にとってきわめて重要な意味をもつことになる。特に、統治のシステムとして議院内閣制が採用される場合には、議員の選挙制度は、議会にとどまらず、行政府までを含む統治全般のあり方にまで大きな影響を及ぼすことになるのである。

他方、議会制民主主義が円滑に運営されていくためには、国民の多様な意思を議会の過程に媒介し、それを統合することが必要となるが、その役割を果すことになるのが政党である。また、政党は、選挙において、その政策プログラムを公約として提示をし、候補者を立てるなど中心的な役割を担っており、政党なくしてそれらは機能し得ない状況にある。そして、いつしか、統治システムのあり様は、政党のあり方によって規定されるようになり、政党は、憲法政治を決定づけるような重要な存在となっているのである。

以上のように、選挙と政党は、議会制民主主義を支える二本の基本的な柱となるものである。

しかしながら、その一方で、政党の存在などによって議会政治は、その姿を大きく変え、さまざまな問題を露呈するようになっている。そして、行政国家現象が進む中で、議会は、もはや統治の中心には位置し得なくなったということが公然と語られている。

また、選挙についても、争点の多様化・無限定化によって、代表者と有権者との間の意思の対応関係は著しく不明確なものとなり、その心理的な距離の拡大によって国民の政治的な有効感覚は大幅に低下してきている。そして、多元化・断片化・流動化した民意によって、選挙そのものがもつ意味が減少し、国民の間では、国民投票制度など直接民主制に対する期待が高まりつつあるようにみえる。

さらに、政党についても、有権者への確かな足がかりを失い、その機能を十分には果たしえなくなっており、その衰退が叫ばれている。

本章では、このような状況も踏まえつつ、議会制民主主義とのかかわりから選挙および政党の意義とあり方とその課題について、主に制度的な面から考察を加えることとしたい。

# Ⅱ 国民代表と選挙・政党

## 一 国民代表の意義

選挙と政党のあり方について考える場合に、その基本となるものとして踏まえておかなければならないのは、憲法の基本原理ともなっている国民代表あるいは国民主権との関係である。

すなわち、日本国憲法四三条一項は、「両議院は、全国民を代表する選挙された議員でこれを組織する」と規定し、国会議員が国民の代表者であることを定める。このことは、憲法が、前文の規定とあいまって、代表民主制を採用するものと解されている。しかし、そこで示されている国民代表の観念をどうとらえるかについては諸説が存在し、また、この国民代表の観念が選挙とどのように結びつくかについても理解が分かれている。

したがって、国民代表については、国民代表の観念の歴史的変遷や国民主権との関係から、みておくことが必要となる。

## 1　純粋代表制と半代表制

国民代表の観念は、歴史的にみれば、近代議会における議員の地位を特徴づけるものであり、代表者である議員に権限事項を委任したそれ以前の身分制議会を否定するものとして生み出されたものであった。そして、そこでは、議会は国民の代表として一般意思を表明するものであるとされるとともに、選出母体の利害から解放された議員は、特定の選挙区、党派、団体等の代表者ではなく、全国民の代表者となるべきものとされ、議員に対する選挙区などからの指令（命令的委任）は禁止されることとなった。

E・バークが、一七七四年に行った選挙演説の中で、「議会は一つの利害つまり全成員の利害を代表する一つの国民の審議集会にほかならず、したがってここにおいては地方的目的や局地的偏見ではなくて、全体の普遍的理性から結果する普遍的な利益こそが指針となるべきものである(1)」と述べたのは、まさにこのことを表したものとされる。そして、それが、フランスにおいて革命後の一七九一年憲法によりはじめて明文化されることとなり(2)、その後、各国の憲法に採り入れられるようになっていたのであった。

そして、このような代表制の下で、国民は観念的・抽象的な統一体とみなされ、それ自身としては意思をもつことはできないものとされた。そして、国民個々人は主権をもつわけではなく、選挙は権利行使というよりも公務にすぎないとされ、それを制限することも理論的に許容されると解される一方で、議会は、国民から独立して意思形成を行うこととされ、また、議員には発言の自由が保障され、自己の良心に従って表決を行うべきものとされた。このように、議員が選挙区の選挙民などの指令に拘束されることなく、全国民のために独立して行動する責任を負うことを「自由委任」といい、そのような代表のあり方は「純粋代表制」などと呼ばれる。

しかし、このような初期の代表制の考え方は、やがて、普通選挙制の導入、政党制の発達、国民の政治意識の向上などによって変容を余儀なくされ、議会が国民の代表機関であるといい得るためには、代表者と被代表者である国民との意思の一致が要請されるようになる。そこにおいてはじめて、自由主義を基本とし、必ずしも民主主義とは協調的ではなかった議会制が、民主主義と結合することになり、議会制民主主義の観念が誕生するに至るのである。

そして、普通選挙の下で、議会は、そのあり方として、実在する多様な民意をできるだけ忠実に反映すべきものとされるようになる一方で、再選可能性を確保する必要などから議員は選挙民や支持団体の意思に事実上拘束されるようになる。また、政党が国民と議会を媒介する機能をもち、政治的な統合過程の不可欠の構成要素とされるようになるにつれ、政党は議員に対して党の意思に従うことを要求することになり、議員は発言や表決の自由を事実上失うことになっていった。

しかしながら、このように議員が選挙民・支持団体・所属政党等に実質的に拘束されることは、議員が全国民の代表とされることと矛盾するものではないと考えられてきた。ただし、以上のことをあくまでも事実の世界の問題ととらえるのか、それとも法的にも要請されているものととらえるかをめぐって、論者の見方は分かれるようになっている。その場合に、事実あるいは政治上の問題として、選挙民などによる議員の拘束を認め、国民の意思と議会の意思の一致を求めることを、憲法学ではフランスでの議論も参考にして「半代表制」、あるいは「社会学的代表」といった概念でとらえる考え方が有力となっている。もっとも、半代表制の概念は、論者によってその理解が微妙に異なり、社会学的代表との異同についてもとらえ方はまちまちである(3)。ただし、少なくとも事実の世界で、国民の意思と議会の意思との類似性の存在に着目し、その一致を要求するところでは共通しているといえるだろう。

また、半代表制のメルクマールとして挙げられる事項も、論者によって異なるが、そこでは、普通選挙、議員の再選可能性、比例代表制、政党による所属議員の拘束、議会の解散制度、議会優位の一元的議院内閣制、不平等型の二院制あるいは一院制などが挙げられたりしている。ただし、レファレンダム（国民投票）やイニシアティブ（国民発案）については、半代表制と直接制の間に位置づけられるものとして「半直接制」の類型を認める場合には、半代表制ではなく半直接制の制度的メルクマールと解されることが多い。

なお、純粋代表においては、代表民主制は、直接民主制よりも好ましい政治制度として考えられているのに対し、半代表制においては、代表民主制がとられていても、もはやそれは直接民主制の代替物と位置づけられることになるといったとらえ方がなされることが多い。しかし、半代表制においては、国民の意思が忠実に反映されるべきものとされるとはいえ、それが事実の問題にとどまる以上、そのことゆえに、直接民主制が理想であり、それが代表民主制よりも優れているといったことと必ずしも結びつくものではないように思われる。

このほか、半代表制において国民の意思の反映とかそれとの類似性といっても、その「国民の意思」をどのようにとらえ、またどのようにすればそれが実現されることになるかといった問題もある。この点、国民の意思などそもそも存在しないとか、国民の意思は計測不能なものとみる見方もある。確かに、民意は、多元的・断片的・流動的なものであり、初めから実体的に、また単一のものとして存在するものではない。しかしだからといって、それを把握困難なものとしてしまうことは、民主主義の建前そのものを否定することにもつながりかねない。もっとも、国民の意思の存在を認めるとしても、それを、基本的に、各選挙民の意思・利益の集積ととらえるか、それとも、国民の多数の傾向ととらえるかによって、その内容や考え方は大きく異なることになる。また、国民の意思の反映の問題は、実在する民意の議会の構成等への反映については選挙制度の問題、選挙民や政党による議員の拘束についてはリコール制や党議拘束の問題として論じられているほか、国民による立法への直接参加（イニシアティブやレファレンダムなど）も問題とされるようになっている。

## 2　国民代表と国民主権

憲法は、その基本原理として国民主権を定めているが、国民代表は、この国民主権と密接に関連づけられてとらえられるようになっており、それとの関係での整合的な理解が問題となり得る。

この点、国民主権の理解をめぐっては、従来からさまざまな論争が展開されている。その場合に、「国民」の意味・範囲については、有権者全体、現に存在している国民全体、過去・現在・将来のすべての国民を含む観念的・抽象的な国民の三つのとらえ方が存在し得る。他方、主権については、国政のあり方を終局的に決定する力・意思の所在を示すものとして国家権力の正当性の契機を強調する立場と、憲法制定権力または実定憲法上の国家権力の所在を示すものとして権力性の契機を強調する立場、正当性の契機と権力的な契機の両方を認める立場がみられる。そして、主権を権力の正当性を示すものとされる場合の国民は、現に存在する国民全体あるいは観念的・抽象的な国民とされるのに対し、主権を権力の所在を示すものととらえる場合の国民は、有権者全体とされているのである。

これに対し、近年は、フランス革命期において形成された「ナシオン主権」と「プープル主権」の区別を日本国憲法の国民主権の理解にも採り入れる議論が積極的に展開されてきた。それによれば、「ナシオン」は抽象的・観念的国民を、「プープル」は具体的・経験的国民を意味するものとされるが、ここでも、主権を権力性の契機と正当性の契機のいずれの面からとらえるか、ナシオン主権・プープル主権と代表制、特に半代表制や半直接制との関係をどのようにとらえるかをめぐり、議論の対立がある。(4) このため、日本国憲法の国民主権を同じようにプープル主権と解するにもかかわらず、その実践的な要求として何を帰結するかについてもそのような理解の違いから大きく異なる結果が導き出されることにもなっている。また、ナシオン主権とプープル主権の相違として、ナシオン主権では、制限選挙と普通選挙のどちらも許容されるのに対し、プープル主権では普通選挙が要求されることになることでは争いはないが、命令的な委任がそれらを区別する基準となるかどうかについては見解が分かれている。このほか、プープル主権の権力性を重視する立場から選挙権の性格についてもその基礎となる主権原理をナシオン主権とプープル主権のいずれと解するかによって当然に理解が異なることになるといった主張なども展開されている。

もっとも、そのようなフランスの主権論争を日本国憲法の解釈にそのまま持ち込むことについては、疑問を示す議論も強く、憲法学の通説的見解は、先に述べた観点に立ち、国民主権における主権の保持者は「全国民」であり、その限りにおいて、主権は権力の正当性の根拠を示す原理であるが、同時にその原理には、国民自身——実際には「有権者の総体」が主権の最終的な行使者だという権力

的な契機が不可分なかたちで結合していると解しているところである。(5)

### 3　日本国憲法が定める国民代表

日本国憲法は、四三条や議員の免責特権を定める五一条にみられるように、近代議会の代表観を引き継いではいるものの、その一方で、一五条で普通選挙について規定し、九五条、九六条一項など一部に直接民主制の手法を採り入れるなど、規定の上で部分的な変更もみられる。しかし、国民代表について憲法規範上の全面的な転換がなされたわけではなく、命令的委任の禁止は現在においても妥当しているととらえるべきであろう。この点、地元とか、業界といった部分利益が政策決定過程において大きな役割を演じるようになっていることを踏まえ、命令的委任の禁止の規範的な意味にあらためて注意を向けることの必要性が最近とみに指摘されている。

他方、先にも述べたように、普通選挙の実現等により、国民代表については、代表者と被代表者の意思の一致が要求されるようになり、それは、「国民全体のうちに現に存する各種の政治的意見ないし傾向の少なくとも支配的なものが、議会での議員の行動において、具体的に主張される最大限の公算が存すること」（宮沢俊義「議会制の生理と病理」（一九六一年）『憲法と政治制度』所収）を要求するものと解されている。議員の国民代表としての性格については、法的な性格をもつのではなく、政治的なものととらえるのが従来からの通説であるが、それに半代表あるいは社会学的代表の考え方が加わって、代表者と被代表者の意思の一致の確保ということが強調されるようになっている。

以上のような禁止的意味、積極的意味と憲法四三条の「代表」の関係について、樋口陽一教授は、同条の「代表」においてもその二つの意味が緊張をはらみながら共存しているとし、「相互に緊張関係にあるこれら二つの規範的意味があってこそ、今日の統治構造の根幹にある、代表者の政治責任という観念が成立する」とされるが(6)、そこで指摘されるとおり、国民代表の観念はこの二つの要請の微妙なバランスの上に成り立つものといえるだろう。そして、そこでは、国民の意思の反映とそれとの一致を重視し、これを積極的に実現することと、命令的委任の禁止を重視し、部分利益の排除を重視することのいずれを重視するかといった選択を伴いつつも、いかにそれらを調和的に理解するかということが、議会政治の具体的な運用のあり方との絡みで問われることになってくるのである。

## 二　国民代表と選挙

代表制は、議員の地位に関する原理である以上、議員の選出方法についても、その趣旨に沿ったものであることを要求することになる。そして、その内容は、国民代表の観念のとらえ方によって異なり得るものの、少なくともできる限り公正かつ効果的に民意を反映すべきということでは規範的な要請ともなるものであると考えられる。特に、半代表制あるいは社会学的代表の下では代表と選挙は密接な関連をもつことになり、民意を反映するようなものであることが要請されることになる。もっとも、その一方で、民意の反映といっても、そのとらえ方は多様であり、またどのような選挙制度が実際にそれを実現し得るかといったこともあり、問題はそう単純ではない。

それでは、国民代表の考え方からどのような選挙制度が導かれるのだろうか。

この点に関しては、民意の反映ということを強調し、少数代表制、とりわけ比例代表制が導きだされるとの議論が少なからず見受けられる。しかし、選挙制度のあり方は、それぞれの国の政治的条件・社会的条件などと連関しながら、定まってくるものであって、このことから特定の選挙制度が一義的に導き出されるわけではないといえよう。すなわち、国民代表の観念は、たとえば選挙で示された国民の意思をその結果に反映させなかったり、極端に歪めるような選挙制度を排除することはあっても、特定の選挙制度を導くものではない。その点では、それが規範的な意味をもつといっても、あくまでも消極的なものにとどまることになる。この問題については、Ⅳにおいて詳しく述べる。

このほか、国民主権および国民代表の理解に絡んで、議員のリコール制を採用することが憲法上許容されるかどうかが問題となる。議員のリコール制は、命令的委任と結び付けられて理解されることが少なくなく、その立場からは、憲法は命令的委任を禁止していると解するか、許容していると解するかによって結論が異なってくるが、その一方で、憲法四三条の代表が実在する国民の意思をできるだけ反映すべきという要請を含むことなどから、命令的委任の禁止はあらゆる形態でのリコール制の否定まで意味するものではないとの考え方もみられる(7)。しかし、リコール制は、地方的利益・個別利益により議員を拘束することの問題だけでなく、政治的濫用の危険性のほか、議員の身分を不安定なものとしてしまうおそれもあり、その是非については十分に慎重な検討が必要となろう。リコール制を限定的に認める先の立場でも、選挙区ごとの議員の解職を認めることは、「全国民」を代表すべきはずの議員の選挙区への従属度を一定の限度をこえて強化することになり、命令的委任禁止との関係で認められないとするとともに、立法政策の問題としても、多数派による少数派議員の追い討ちとならず、それでいて効果的なリコール制を考案することは、至難とする。

また、日本国憲法は、直接民主制的制度として、憲法改正に関する国民投票制度と地方自治特別法の制定に関する住民投票制度（そのほかに最高裁判所裁判官の国民審査制度が挙げられることもある）を限定的に認めているが、それ以外に、たとえば立法に関する国民投票制度を設けることが議論となっており、この問題については、決定型の国民投票制度は憲法四一条等との関係から憲法改正を必要とするものの、国会を法的に拘束しない諮問型の国民投票制度であれば現行憲法上も可能と解されているところである（ただし、その制度化の立法政策上の是非はもちろん別に検討を要する問題である）。

## 三　国民代表と政党

代表制との関係において、現実に大きな緊張関係をもたらしているのは、政党の問題である。すなわち、政党は、議会制民主主義の運用にとって欠くことのできない存在となっているが、その反面、政党規律により議員を拘束し、議員は、表決の自由を縛られ、政党の指図に従って行動することを強いられている。その結果、重要な決定は議会外で行われ、議会の審議が形骸化することになり、また、議会での討議は、意見を異にする議員を説得するためではなく、国民を意識してそれにアピールするものとしてなされるようになっている。

政党そのものに関する評価は別に行うこととして、ここでは、国民代表と政党との関係ということから特に問題となっている党議拘束と、党籍離脱した議員の身分の問題についてとり上げることとしたい。

### 1　議員と党議拘束

国民代表を自由委任の脈絡でとらえるならば、議員は選挙区の選挙民の具体的・個別的な指令に拘束されることなく、良心に従って自由に表決する権利を有するものとされるが、現実の議会の審議においては、一般に、政党あるいは会派が一定の方針を定め、それに従って行動するよう所属議員に指示し、統制することが行われている。[8] そして、そのような党議拘束の存在によって、議員を主体とし、その自由な討議を通じて妥協・調整を図り、意思決定を行うことを建前とする議会制度は、その姿を変えてきている。

もっとも、その場合に、「党議拘束」という言葉を用いることについては一定の留保が必要である。なぜなら、党議拘束といえば、政党が議員を拘束する主体となっているかのようにとらえられがちであるが、政党とは区別される議会あるいは議院内の団体である「会派」が直接の指示・拘束の主体となっているからである。その意味で、党議拘束という言葉はいささか正確さを欠き、ドイツでは「会派強制」（fraktionszwang）といった言葉が用いられているところである。しかし、たとえばわが国のように、政党と会派の区別が明確ではなく、会派の政党に対する独立性が弱い場合には、実質的には会派というよりは政党で決めた方針に従って統制が行われており、党議拘束というのもあながち間違いとはいえず、むしろ実態を表しているといえなくもない。

また、党議拘束の状況は、それぞれの国の議会あるいは統治のシステムや政党・会派によって異なり、たとえば、大統領制をとるアメリカの連邦議会では、会派のリーダーの指導（説得）などが行われてはいるものの、その拘束は緩やかで、表決において同一会派に属する議員の間で法律案に対する賛否が分かれるクロス・ヴォーティング（cross votiong）が日常的に行われている。[9] これに対し、わが国の国会では、多くの政党・会派において、議員の表決権の行使についてその方針に従って賛否の意思を表明するよう統制されているだけでなく、その拘束が審議における議員の活動全般にまで及んでいる(10)。

それでは、議員の活動の自由を奪うことにもつながっている党議拘束の存在は、議員を全国民の代表と位置づける国民代表との関係でどのように評価されるのであろうか。

この点、選出母体による議員に対する命令的委任を禁止する自由委任が国民代表の理念とされた近代議会の時代には、議員の独立した活動・判断を拘束する政党の存在自体が国民代表の観念と相反するものとみなされたこともあったが、今日では、国民代表を自由委任を基本としてとらえる場合でも、政党による議員の拘束は、政治的・社会的な事実の問題にとどまる限り、それに反するものではなく、政党が最終的には全国民の利益を目指すものといい得る以上は、政党に拘束される議員もなお全国民の代表と位置づけることができるとされている。そして、たとえ議員が党議に違反したことで所属政党から除名などの制裁処分を受けたとしても、それが直ちに国民代表や議員の免責特権の趣旨に反するものではないとされているのである。

また、議会に対する民意の反映といった民主的な要素を重視し国民代表を半代表的にとらえる立場からは、党議拘束は、むしろ民主主義の建前に基本的に合致するものとみなされ、さらに、議員が所属政党の方針に反する行動を民主主義の面から問題視する見解もみられる。そして、そこでは、議員は、政党の媒介をまってはじめて、擬制的ではなく実質的に国民の代表たり得ることになるとされているのである。

このように憲法論のレベルでは、党議拘束は、政党が議会と国民とを連結する媒介機能を営むことをもって、簡単に憲法が規定する国民代表の原理に反するものではないとされてきた。しかし、従来の議論は、その具体的な態様やあり方、さらに政党の状況などの問題にまで踏み込むことなく、形式的に憲法との関係を論じるに終わってきたきらいがないわけではない。また、党議拘束の問題は、国民代表との関係だけでなく、議会の機能や審議のあり方に大きく絡んでくるものであることが見過ごされてはならないだろう。すなわち、党議拘束の影響が強すぎる場合には、議員は政党・会派の投票マシーンと化し、議会の審議が形式化することとなってしまう。とりわけ、わが国の国会では、そのような傾向が顕著にみられ、強すぎる党議拘束が国会の審議の形骸化や機能不全をもたらす要因の一つとされてきたところである。このため、わが国における党議拘束のあり様については、国会審議の活性化などの点から批判する声が強く、国会改革が議論される際には必ずといっていいほどその緩和・見直しが問題とされてきた。

しかしその一方で、政党が果す機能やその公的な性格などを拠りどころとして、それを当然視する声も根強く存在し、それによれば、政党は、選挙に際して政策のパッケージとして公約を有権者に提示し、有権者がそれを選択することによって議席を獲得することになることから、政党がその基本政策や公約に掲げた政策を実現するために議員を拘束することはある意味で当然のこととされている。

そして、党議拘束を否定することは、政党の機能を否定することにもつながりかねないとも主張される。また、議院内閣制の下では、議会で多数を占める与党が政府を支え、それに対して野党が批判を展開し、選択肢を提供するといった構図となることから、議員個人がバラバラな行動をとった場合には、そのような政党政治のシステムがうまく機能しなくなってしまいかねず、政府が展望もないままに議会に法律案を提出するようなことでは政治的な安定性を欠くといった指摘もなされているところである。

しかしながら、現実の選挙に目を向けると、政党が公約で示す政策は抽象的で、その実現性に問題があるものも少なくなく、また、争点が多元的であいまいとなり、選挙そのものが政策選択の機会となり得ていない面があることも事実である。ましてや、選挙後において次々と発生する新たな問題については、選挙で必ずしも民意が示されているわけではない。さらに、政党の機能不全と国民の政党不信が大きく問題とされるようになっている中で、政党の方針が逆に民意と乖離するようなケースも生じていることが指摘されている。

以上のようなことを踏まえるならば、現在のわが国の党議拘束の状況を全面的に肯定するわけにはいかないように思われる。もちろん、政党によって現実の議会政治が動いている以上、その党議拘束を一切否定することは現実的ではなく、また妥当でもないだろう。また、党議拘束を緩和し、議員個人の自由度を高めることが、より多様な民意を反映することにつながるとは必ずしもいい切れるわけではない。しかし、そうとはいえ、個人がより重視され、価値や利害が多元化することなどにより、ますます複雑化・断片化・流動化する現代社会においては、多様な民意を背景とする議員個人の自律的な判断・対応といったものがもっと認められるようにしていくべきではなかろうか。その点では、国民代表のもつ意味を現代社会に適合するかたちで自由主義だけでなく民主主義の観点からも再確認・再構成し、政党と議員との関係をとらえ直すことが求められているといえるだろう。

またそれとともに、党議拘束のやり方についても、たとえば、一律にすべての法律案について党議拘束をかけるのではなく、法律案の重要度や内容によってその程度を変えるようにしたり[11]、党議を決定し、拘束をかける時期を見直す[12]などの検討・改革を行っていくことも必要となろう。さらにそのほかにも、党議を決定し拘束をかける主体を政党ではなく会派とすることや[13]、党議を決定する手続として民主的な手続の整備、とりわけその決定に個々の議員の参加の機会が保障されるべきことなども提案されている。ただ、その趣旨には首肯し得る面があるとしても、会派を構成する議員は政党を基本として選出され、会派そのものが、政党がその役割を果すための議会内の代表としての性格をもつことは否めず、それに加えてわが国では政党が伝統的に議員政党の色彩を色濃くもつ傾向があり、その点からすれば、会派の政党に対する独立性を強めただけでは必ずしも民意が議会の場に表出・反映されやすくなるわけではないように思われる。先に述べたように現代社会に適合するかたちで国民代表のもつ意味の再確認が求められるようになっている中で、会派の主体性の問題は、むしろ議員の政党に対する自律性が検討される流れにおいて取り上げられるべきものといえよう。また、党内手続についても、党議拘束の問題に限らず党内民主主義の強化の必要性は否定しえないところであるが、逆にそのことをもって議会の審議における議員の自由な活動がさらに制限されることにつながる可能性があることにも留意する必要があるだろう。

以上のように、党議拘束については、これを認めるか否かといった二者択一的な議論をすべきではなく、議院内閣制・二院制下で民主政治の運用、選挙制度、政党の機能と限界などもにらんで、複眼的にそのあり方が検討されなければならず、また最終的には政党と議員の認識・自覚に待つところが大きい問題でもあるといえるだろう。

## 2　比例代表選出議員の党籍離脱と議員の身分

比例代表選出議員が党籍を離脱した場合に議員の身分をどう考えるべきかをめぐっては、昭和五七年に参議院に拘束名簿式比例代表制が導入される際にも問題となり、また実際にそのような事例を生じ、わが国でも大きく議論されるようになった。そして、衆議院にも拘束名簿式比例代表制が導入され、折りしも政党の再編が進行する中で、議員の党籍変更が頻繁に行われ、相次いで問題が生じることによって[14]、この問題は、現実の政治課題とされるようになり、平成一二年に至って、国会法および公職選挙法が改正され、衆議院と参議院の比例代表選出議員について、その議員が名簿登載者であった政党等以外で、その議員が選出された選挙において名簿届出政党等であるものに所属を変更した場合には、議員としての身分を失うこととされた（なお、これに対し、党籍を離脱して無所属にとどまる場合や新党に参加する場合のほか、政党そのものが他の政党と合併することでそれにより存続する他の政党に所属することとなった場合には、そのような制限の適用はないこととされている）。

しかしながら、これに対しては、国民代表の本質的な理解にかかわる問題であるにもかかわらず、それについての十分な議論を欠いたまま、現実の政治的な要請を優先して導入されたのではないかといった批判もみられるところである。

この点、学説は、政党所属と議員の地位を連動することを認めない議席保有説（違憲説）と、これを連動させ政党所属の変更を議員の身分の喪失に結び付けることを認める議席喪失説（合憲説）とに分かれ、議席保有説が優勢であったといえる。すなわち、多数説は、政党所属と議員の地位を連動することを認めることは、議員の国民代表としての性格や自由委任の原理と矛盾抵触するものであり、憲法四三条に違反するとする。これに対しては、党籍を変更することで国民から委託された意思から全体として離脱するのであれば、選挙の主体である国民はとうてい容認できないこと、あるいは比例代表選挙において議員は政党の代表としての性格を強くもつことなどを理由に、政党の所属の変更によって議員の身分を喪失させるのが妥当という議席喪失説も主張されたが、少数説にとどまってきた。

しかし、比例代表選出議員の党籍変更の事例が生じ、批判が高まったのを受け、実在する民意を反映することに重みを置き、また、選挙人が政党に対して投票する拘束名簿式比例代表制の下では当選後の自由な党籍変更を容認することは不合理との感情を払拭できないことなどを理由として、①議員の除名の場合と自発的な党籍変更を区別し自発的な党籍変更や離脱に限り議員の身分を喪失させる規定を設けることは許容されるとする考え方、[15] ②党籍の変更の場合で移籍先の政党が選挙時に存在していた場合には議員の身分を喪失させ得るのに対し、離党あるいは除名後に議員が無所属にとどまる場合や選挙時に存在していない政党への移籍および新党結成の場合には議員の身分は維持されるとする考え方など、[16] 限定的に政党の所属を変更した議員の身分の喪失を認める考え方も有力に主張されるようになっていた。なお、そのほかに、人民主権の観点から、政党とその公約を媒介として人民とその単位（選挙区の有権者集団）に対する議員の従属性を確保すべきであるとして、そのような条件が確保されている条件の下では議員の党籍変更の自由が否定され、党籍変更や党議拘束違反を理由とする政党からの除名によって議員の地位を喪失することが原則になるとする考え方も示されている。[17]

わが国で導入された党籍を変更した比例代表選出議員の失職の制度は、法的制裁に値するほど明らかに有権者の意思から離れていると客観的に認識できるのは選挙時に存在した政党への移籍の場合とする②の考え方を採り入れたもののようであり、選挙時に示された国民の意思に反することを議席喪失の根拠とするものである。

しかしながら、選挙で示された国民の意思をどうとらえるかは、あくまでも政治的な問題であって、法的な問題ではなく、現実にそれを測定することは容易なことではない。また、その意思から離れたのは、議員ではなく政党である場合も考えられる。しかも、民意は流動的であって、比例代表選出議員が選挙に存在していた他の政党に移籍することを民意から離れたと客観的に見なし得るとするのは、いささか乱暴な擬制であり、それをもって議員の身分を失わせる根拠とすることには疑問がある。自由委任や議員の表決の自由は、現代においては、政党の行き過ぎに対する限界の原理となるものととらえるべきであり、政党による拘束は自由委任（表決の自由）の問題と調和的にとらえられるべきであろう。

また、新しい議席喪失制度は、衆議院と参議院の比例代表選出議員のみを対象としているが、現代の選挙では、多数代表制・少数代表制・比例代表制を問わず選挙は政党が主体となることが多く、特に小選挙区選挙では、政党中心の争いとなり、衆議院の制度ではそれを強めるための仕組みが設けられている。これに対し、参議院の比例代表選挙は名簿登載者への投票を認める非拘束名簿式へと変更され、それらの相違はさらに相対化しており、比例代表選出議員のみ対象とすることを合理的に説明できるかどうかも問われることになるだろう。

議会制民主主義にとって政党が重要な役割を果たしていることは否定できず、議員の度重なる党籍変更が国民の政治不信を増幅させた面があることは確かであるが、導入された議席喪失制度は制度としていささか技巧的にすぎるだけでなく、この問題は、国民代表の本質にかかわるものなのであって、単に党籍変更の問題にとどまらず、国民代表のあり方そのものに大きな影響を及ぼしかねない面をもっていることが認識されるべきではなかろうか。

（1）The Works of the Right Honorable Edomund Burke, The World's Classics ed, Vol. II（中野好之訳『エドモンド・バーク著作集2』）。

（2）フランス一七九一年憲法第三編第一章第七節第七条は「諸県で選出された代表者は、特殊の一県の代表者ではなく、全国民の代表者であり、彼に対して指令を与えることは許されない。」と規定した。日本国憲法四三条一項も、この系譜に属するものといえる。

（3）フランス憲法学では、代表制（統治形態）を、①純粋代表制、②半代表制、③半直接制、④直接制の四類型、あるいは①純粋代表制、②半代表制ないし半直接制、③直接制の三類型に区分するのが一般的になっているといわれるが、（4）に述べるように、主権概念との関係などをめぐり半代表制の理解が論者によって異なっているようである。辻村みよ子『憲法』（二〇〇〇年）三八一〜三八四頁、岡田信弘「代表民主制の構造」ジュリスト増刊憲法の争点第三版（一九九九年）一八・一九頁など参照。また、社会学的代表の概念は、M・デュベルジェによって提示されたもので、選挙において表明される世論と選挙から帰結される議会構成との間における事実上の関係（類似性）を示すものとされる。

（4）主権概念と代表制（統治形態）との関係について、純粋代表制がナシオン主権、直接制がプープル主権に対応することについは争いがないが、純粋代表制以外はプープル主権に対応するという考え方、直接制以外はナシオン主権に対応し、半代表制と半直接制もナシオン主権のプープル主権への傾斜にすぎないとの考え方、半代表制と半直接制は二つの主権概念が総合されたものであるとする考え方、主権概念と統治形態を切り離す考え方がある。以上については、岡田信弘・前掲一九頁。

（5）　たとえば、芦部信喜教授は「国民主権は、一体的国民（全国民）が国家権力の源泉であり、国家権力を民主的に基礎づけ正当化する根拠であると意味と、さらに、国民（実際にはそれと同一視される積極的国民＝有権者）が国家権力の究極の行使者だという意味をあわせ含む」とされるとともに、「フランス憲法に言うナシオン主権・プープル主権の区別は、すべての国の憲法の解釈にそのまま妥当するかどうか、そこに根本的な問題がある」とする（芦部『憲法学Ⅰ　憲法総論』（一九九二年）二四四頁・二四六頁）。

（6）　樋口教授は、一方で、憲法四三条の積極的規範意味を前提としてはじめて、被代表者（国民）は、代表者（議員）と政治上の見解を異にすることを理由としてその責任を問うことが可能となり、他方で、同条の禁止的規範意味に対応して、代表者に一定の独立性が承認され、彼自身の判断に基づいて行動することができるからこそ、代表者は責任の主体となりうるとし、これら二つの規範的意味はそのどちらも完全に否定しきることはできないとされる（『憲法Ⅲ』注釈法律学全集３（一九九八年）五〇～五二頁（同教授担当）参照）。

（7）　樋口担当・前掲書四三頁。同教授は、日本国憲法下においてあらゆる形態のリコール制が禁止されるものではない理由として、憲法一五条がひろく公務員について国民の選定罷免権を理念として承認していることも挙げる。このほか、杉原泰雄教授は、国民主権をプープル主権ととらえ憲法一五条等を根拠にリーコル制の導入は憲法上可能とされる（杉原「国民主義と国民代表制の関係」『憲法学(4)』（一九七六年）七九頁）。

（8）　党議拘束の強制力は、議員が党議に反した行動、特に表決や投票の際に党議に反する態度をとった場合には、造反行為として政党なり会派による制裁の対象となり得るという心理的な圧力によって担保されることになるものである。実際に、党議違反があった場合に、制裁を行うかどうか、またその内容をどのようなものとするかは、案件の内容・重要度や政治状況、違反の影響等を考慮して政党あるいは会派で決定されることになるが、それは、除名、役職の一定期間の停止、厳重注意処分などといった党則に基づく処分であることもあれば、次の選挙での党の公認への影響といった事実上の不利益であることもある。

(9)　もっとも、近年アメリカ連邦議会でも、特に下院を中心に、党派投票（party unity votes）が増加しているといわれる。

(10)　たとえば、わが国では、政府または与党議員が提出する法律案については与党による事前審査が行われ、国会で審議に入る前の段階から、実質的には党議による拘束が存在するような状況となっている。その結果、国会の審議はいわば結論先にありきの審議となり、与党議員にとっては法律案をできるだけ早く成立させることが主な仕事となり、国会審議が重要な意味をもたなくなってしまっていることが指摘されている。他方、野党の側も、所属議員が提出する法律案について事前審査を行うほか、政府提出法律案については、政府・与党への対抗上、早い段階で党議を決定し、反対する法律案の場合には時間切れによる廃案に持ち込むためにスケジュール闘争に力点をおくことになるといわれる。そのため、国会の審議が硬直的・形式的となり、議員同士での実質的な議論はほとんど行われていない状況にある。また、党議による統制は、ほとんどすべての案件を対象として、表決だけでなく審議における発言にまで実質的に及んでおり、議員の活動が大きく制約されている。なお、党議拘束については、拙稿「立法の常識59　国会審議の過程」国会月報二〇〇一年五月号、与党の事前審査については、拙稿「立法の常識36・37　内閣提出法律案の立案過程⒀・⒁」国会月報一九九九年四月号・五月号参照。

(11)　たとえば、党の基本政策や公約にかかわるものについて党議拘束をかけることは当然としても、それ以外のものについては弾力的に対応することなどが提案されている。これに対しては、それでは議院内閣制の下で与党がその責任を十分に果すことが困難となってしまうとの議論もあるが、少なくとも、議員個々人の良心・信条などにかかわるような問題についてはそれぞれの判断に委ね、自由投票とすることも考えられるのではなかろうか。この点について、イギリスでは、労働党・保守党のいずれにおいても法律案の重要度に応じて段階的なかたちで党議拘束をかけており、また労働党ではその行動基準において議員が堅持する信念にかかわるような案件については自由投票とすることを認めることが定められている。わが国においても、平成九年に臓器移植法をめぐり、個人の死生観にかかわる問題であるとして多くの会派で党議拘束をかけないといった試みが行われた。

(12)　わが国の場合、国会の審議がはじまる前の段階で党内で検討を行い党としての方針を決めてしまっており、その結果、具体的な指示はなくても、委員会審議での発言も含め法律案の審議全般にわたって拘束が及び、それが国会の審議の硬直化・形式化の要因ともなっているといわれる。これに対して、ドイツ連邦議会やフランス国民議会などでは、委員会の審議と並行して会派で検討が行われ、委員会での採決の段階となって会派の方針が決められ拘束がかけられるため、委員会では実質的な審議が確保されており、それらを参考に、わが国でも党議を決定する時期を見直すことが提言されている。なお、このことはどこまで議員の活動を拘束することを認めるかという問題でもある。

(13)　これは、政党で党議を決定しているために党議拘束が両議院にわたってかけられ、それによって参議院の独自性が奪われ二つの議院で審議することの意味を低下させることにもつながっていることや、ドイツやフランスでは政党ではなく会派が方針を決定していることなどにかんがみ、政党と会派の区別を強調しつつ、二院制の趣旨を生かし、あるいは国会の意思形成において議員以外の外部の意思が働く余地を排除するために、会派の主体性を高め、党議拘束の主体とすべきとするものである。

(14)　ある政党の比例代表選挙あるいは小選挙区選挙の候補者として当選した議員が党籍変更をすることが頻繁に

生じたほか、政党の離合集散によりある政党に所属する比例代表選出の議員が死亡したことに伴う選挙時の政党の名簿による繰上補充により別の政党の議員が増加するといったことも生じた。また、参議院の比例代表選挙の繰上補充について政党からの除名により繰上補充の資格を失った者が除名の不存在ないし無効を理由に当選の無効訴訟を提起する事件も起きた。なお、この事件において、最高裁平成七年二月二五日第一小法廷判決（民集四九巻五号一二七九頁）は、事件を政党の内部的自律権の問題として処理したが、この問題は選挙で国民が選択をした後に政党が除名により名簿の順位を変更することを認めることと憲法四三条一項との関係の問題ととらえるべきであったといえよう。

(15)　芦部信喜「比例代表制と党籍変更の憲法問題」法学教室五三号（一九八五年）一一頁。そこで、芦部教授は、ドイツのワイマール憲法下でのアンシュッツの説のように、自発的な党籍変更である場合に限って議員職を喪失することがある旨の規定を設けても自由委任の原則に反しない、と考えることの可能性まで否定しているわけではないとされている。なお、その際、同教授は、拘束名簿式比例代表制の場合には次の選挙で議員個人の政治的な責任を問うことは事実上できないことを強調する。

(16)　上脇博之「『国民代表論と政党国家論』序説」北九州大学開学五十周年記念論文集（一九九七年）三〇頁以下。そこで、上脇助教授は、除名であれ離党であれ、議員がどのような場合に有権者の意思から離れていると客観的にみなし得るかどうかが重要であるとして、議員がほかの名簿届出政党に移籍した場合と、そこまでは至らず議員が所属政党によって除名されたり自ら所属政党を離れたにとどまる場合とに分けて考えるべきとする。

(17)　杉原泰雄『憲法Ⅱ』（一九八九年）一七〇頁。なお、杉原教授は、政党とその公約を媒介として人民とその単位に対する議員の従属性が維持されているのであればとしており、日本の状況がそのような条件を満たしているかどうかは別に問題となり得よう。

# Ⅲ　選挙に関する基本原理

## 一　選挙の意義

選挙は、政治的には、議会の構成等を決定することによって、国民の各種利益の表出・統合、政治的リーダーの補充、権力の正当性の付与、政策の選択、政府の形成などの各種機能を果たすことになるものであるが、法的な面からは、どのようなものとしてとらえられることになるのであろうか。

この点、選挙は、法的には、有権者の集合体（選挙人団）によって国会議員等の公務を担当する者を選定する協同的な行為ととらえることができる。国会に関していえば、選挙は、国会議員の選定という同一目的に向けられた多数人による協同行為であり、「衆議院」と「参議院」という国家機関を構成する上での前提となるものである。なお、これに対しては、国家法人説の影響を受け、国民あるいは有権者という国家機関による国会議員という国家機関を選定する機関の行為ととらえる考え方も少なからず見受けられる(1)。しかし、国民主権の現代的な意義、選挙権の権利性などにかんがみるならば、選挙を機関の行為としてとらえるのは妥当ではないといえよう。また、個々の選挙人が合同行為として選挙に参加する行為とする見方もあるが、選挙人の意思表示は合成された選挙人団の意思の中に埋没し、独立の個性をもたないことからすれば、あえて合同行為ととらえる必要はないだろう。

このほか、選挙は、投票とも区別される。すなわち、投票は、選挙人団によって行われる選挙において、各選挙人がそれに参加し、票を投ずることによって、誰を当選人としたいかの意思表示を行うことであり、選挙における中核的な行為ともいえるが、あくまでも各選挙人の個々の行為を指すものである。

なお、選挙は、選定された候補者が当選人としてそれを受託することによって完成するが、委任とは異なり、特定の候補者を公務を担当する者に就任させるにすぎない。

## 二　選挙権・被選挙権の意義

### 1　選挙権の保障

日本国憲法は、一五条一項で公務員を選定罷免する権利を国民固有の権利として保障しているが、「選挙権」という文言は用いていない。このため、選挙権の根拠を憲法ではなく法律に求める説もみられないわけではない。確かに、公務員の選定罷免権は、「あらゆる公務員の終局的任免権が国民にあるという国民主権の原理を表明したもので、かならずしも、すべての公務員を国民が直接に選定し、罷免すべきだとの意味を有するものではない」[2]というべきであろう。しかしながら、選挙権はその基本的内容の一つとなるものであり、一五条によって選挙権が憲法上保障されていると解すべきである。

最高裁も、「選挙権は、国民の国政への参加を保障する基本的権利として、議会制民主主義の根幹をなすものである」とし、憲法が保障する基本的権利であることを繰り返し判示する。[3]

なお、憲法において直接的に国民が公務員を選定すべきとされている場合（四三条による両議院の議員・九三条二項による地方公共団体の長とその議会の議員）および罷免の権利が認められる場合（七九条による最高裁判所の裁判官）以外において、国民の公務員の選定罷免権をどのように具体化するかは、一般に、国民主権の原理のもとで、公務の種類・性質を考慮して国会が決定すべきものと解されている。

## 2　選挙権の法的性格

日本国憲法の下では、選挙権の権利としての性格については、学説上もほぼ異論なく承認されているといえるが、選挙権の性格をめぐっては、歴史的には、近代議会の成立以降、「権利か、公務か」をめぐって議論が行われてきた。また、わが国においては、戦前においては公務ととらえる説が有力に主張されたが、参政権を国民の基本的権利の一つととらえる日本国憲法の下では妥当でないとされ、これを権利であるとともに公務とする二元説が通説的な地位を占めてきた。しかし、この二元説に対しては、一元的に権利としてとらえるべきであるとする立場から厳しい批判がなされるようになってきており、また議論すべき共通の土俵を欠いたままで論争が展開されてきたことなどもこれに加わって、選挙権の法的な性格をめぐる議論はいささか混乱気味である。

選挙権に関する学説について、わが国では、一般に、大きく分けて、①選挙権公務説、②請求権説、③選挙権権利説（権利一元説）、④二元説の四つに分類されることが多い。

このうち、選挙権公務説は、選挙人が選挙に参加することは、広義の国家機関である選挙人団の一員としての公の職務を執行するものであることを重視し、選挙権は公務を行い得る地位をいうとするものであるが、この公務説は、選挙権を有する者に一定の能力を要求し、普通選挙の確立を阻止する機能を果たすことになったものであり、今日ではもはや維持することはできないといえよう。

また、請求権説は、選挙行為を選挙人団という国家機関による権限行使ととらえ、選挙権は選挙人団の構成員としての資格の承認と権限の行使に関する個人の請求権を意味するととらえるものである。しかし、この説については、国家法人説の立場に立った上で、選挙権を請求権とするにとどめ、選挙人の主観的な権利としてとらえるものではないとの批判があり、これを支持する者は少ない。

次に、二元説は、選挙人は、一面において、選挙を通して、国政についての自己の意思を主張する機会を与えられると同時に、他面において、選挙人団を構成して、公務員の選定という公務に参加するものであり、前者の意味では参政の権利をもち、後者の意味では公務執行の義務をもつから、選挙権には、権利と義務の二重の性質があるとするものである。

これに対し、権利一元説は、選挙権を文字どおり個人の権利ととらえるものである。ただし、その権利の意味（二元説でいうところの権利についても同様である。）をめぐっては、自然権説、基本的人権説、憲法上の基本的権利説、政治的利益説、主権的権利説などがみられる。(4)

さて、これらの学説の状況を踏まえ、選挙権についてどのようにとらえるべきであろうか。

その場合にまず確認しておかなければならないのは、選挙権は、すべての人に人たるがゆえに当然に与えられる純粋に超国家的な権利ではなく、実定法上の権利であり、その根拠は憲法に求められるということである。そして、その権利は、憲法が基本とする国民主権を基礎とし、主権者に与えられた政治的な権利と位置づけることができるだろう。この点に関連して、選挙権が基本的人権か否かということが論じられることがあったが、それは基本的人権をいかにとらえるかにもかかわってくるものであって、選挙権の権利の性格に関する議論としてはあまり意味をなすものではないといえるだろう。

また、わが国において、選挙権の法的性格を論ずる場合に、二元説であろうと、権利一元説であろうと、権利とした場合にどのような権利であるのかが十分に議論されてこなかった嫌いがあることにも、留意しておく必要がある。選挙権の法的性格に関する議論において重要なことは、権利とのみするだけでどのような効果が論理的に帰結され、また公務の要素を認めることで具体的にどのような制約を帰結し得るかということである[5]。そして、二元説においても選挙権を選挙する権利ととらえ、権利としての性格を強く解するのであれば、二元説と権利一元説の違いはそれほど大きなものではなく、実はその違いは選挙権の性格以外のところのとらえ方によるものともいえるのである。

この点、二元説によれば、選挙権に関するさまざまな制約は、選挙権が公務としての性格をもつことを認めない限り、説明できないとすることが多いが、権利にかかわるそれぞれの制約が果たして公務としての性格を前提としない限り認められないものかどうかは十分に吟味してみる必要があるといえよう。たとえば、これまで判例で問題となった制約についていえば、判例が公務という側面をことさら強調したものは見当たらず、選挙の公正の確保とか、立法府の裁量の問題から合憲との判断を示している。このようなことからするならば、選挙権の制約の中には、あえて公務ということを持ち出すことなく、選挙権の権利的な性格を前提としても成り立つものも少なくないといえる。そして、従来の二元説の問題は、公務という面からあまりにも安易に幅広く選挙権の制約を認めてきてしまったところにあるのではなかろうか。

またその一方で、権利一元説、特に人民主権を基礎に選挙権を主権的権利ととらえる立場が主張するように、選挙権の制約、投票価値の平等、強制投票の禁止（棄権の自由）、選挙運動の規制などについて、主権的な権利ととらえることによって当然に立法府の裁量が否定され[6]、二元説とは結論を異にすることになるのかどうかについても、慎重な検討が必要となろう。なぜなら、選挙権が（主権的な）権利としての性格のみを有するとすることが、論理必然的に一切の立法裁量の否定に結びつくわけではない。また、権利とのみ解するがゆえに、その制約がなぜ内在的制約にとどめられることになるのかも明らかとはいえない（そのことはたとえ主権的権利としても同じである）。さらに、選挙権は、本来代表を選ぶ権利という積極的な意味をもつものであるにもかかわらず、その権利の内容として権利の不行使の自由まで読み込むというのはその本来の意義と矛盾しかねない。結局、主権的権利とする一元説は、選挙権を選挙の全過程に及ぶ権利と解し、選挙原則もすべて選挙権の内容とすることになるものといえるが、それは選挙権の内容を不必要に拡張し、すべて一方的に権利であることをもって処理しようとするもので、かえってその内実を希薄化してしまっているのではなかろうか。

そもそも、選挙権の問題は、選挙のとらえ方ともかかわってくるものであり、選挙人団が代表を選ぶ協同的な行為という選挙の枠の中でその位置づけや性格を考えざるを得ず、そこでは、個々の行為が成り立たなければ全体としての行為が成り立たないのと同時に、全体としての行為に問題があれば個々の行為にも影響が及ぶといった関係を生じることになる。また、権利の性格ということでは、選挙権は、単純な主観的な権利ではなく、複合的な権利ということができる。そして、それらの点から、選挙権については、選挙という公務の執行とのかかわりで考えざるを得ない面があることは否定できないように思われる。もっとも、それは、選挙という行為とは直接に関係のないところにおいてまで認められるものでないことはいうまでもない。

このほか、選挙権の権利の内容・範囲についても、議論の存するところである。この点、二元説に立つ代表的な学説は、「選挙権とは、憲法四四条が規定する選挙人の資格を指し、国民または住民が、選挙人団を構成する一員、すなわち選挙人として、選挙に参加することができる資格または地位を意味する」としてきた（清宮四郎『憲法Ⅰ』第三版（一九七九年）一三七頁）。そして、この説明によれば、選挙権は、選挙人となる資格、あるいは参政の権利としてしかとらえておらず、選挙行為（投票行為）を権利として保障していないことになる。

しかし、選挙権の保障は、当然のことながら、選挙における中核的な行為である投票行為のところまで含むと解すべきであろう。すなわち、選挙人たる地位および投票行為の両方にわたる権利という意味で、選挙権は、端的に代表を選挙する権利とするのが妥当である。したがって、選挙権が形式的に与えられていても、投票の機会が保障されていない場合には、憲法による選挙権の保障の趣旨に反することになる。この点で、在宅投票第一次訴訟控訴審判決（札幌高判昭和五三年五月二四日民集三一巻二号二三一頁）が、「選挙権の保障の中には、当然に投票の機会の保障を含むというべきであり、投票の機会の保障なくして選挙権の保障などあり得ない」とし、[7]国会が在宅投票制度を復活しなかったことを立法の不作為ととらえ、それを違憲と判断したことが注目を引く。

選挙権の性格のとらえ方にからんで具体的に問題となるものとしては、いわゆる強制投票制の是非の問題があるが、これを選挙権の性格からのみ論ずることは妥当ではなく、棄権の自由の制約の問題として、憲法の関係規定に照らしつつ判断されるべきであろう。この点については、三の5の自由選挙の原則のところで述べる。また、このほかにも、選挙権の年齢、選挙権の欠格事由の問題などもあるが、これらについては、三の1の普通選挙の原則のところで触れることとしたい。

### 3　被選挙権の意義および法的性格

被選挙権は、選挙により公務に就任することにかかわるものであり、具体的には選挙に立候補することのできる権利を意味することになる。

被選挙権の性格については、これを権利ではなく、権利能力ととらえる説が従来においては有力であった。たとえば、「選挙人団によって選定されたとき、これを承認し、公務員となりうる資格」、「選挙によって議員その他の公務に就きうるための資格」(8)とするのがその代表的なものであるが、これに対して、近年は、立候補し、当選を条件として議員となる権利ととらえる権利説が有力となっている。ただし、その場合の被選挙権の憲法上の根拠については、選挙権と被選挙権を一体ととらえて憲法一五条一項に根拠を求める考え方のほか、憲法一三条の幸福追求権に根拠を求める考え方もみられる。(9)

この点、判例（最大判昭和四三年一二月四日刑集二二巻一三号一四二五頁）は、「立候補の自由は、選挙権の自由な行使と表裏の関係にあり、自由かつ公正な選挙を維持するうえで、きわめて重要である」とした上で、「憲法一五条一項には、被選挙権者、特にその立候補の自由について、直接的には規定していないが、これもまた、同条同項の保障する重要な基本的人権の一つと解すべきである」としている。

選ばれる権利といったものがあるわけではない以上、被選挙権は選挙権と同じような意味・レベルで権利ととらえることはできず、権利能力の問題ととらえられやすい側面をもってはいるが、特に、選挙において立候補して被選挙権者となること、すなわち立候補の自由は、国民の基本的な権利ととらえるべきものであり、その点では被選挙権もまた権利ということができるだろう。

もっとも、被選挙権の保障については、選挙権ほど厳格なものではなく、また国民の代表として適切な者が選ばれる必要があることからも、その対象となる者の適格性については、選挙人よりも高度のものを要求することも場合によっては許される。現に、被選挙権年齢は選挙権年齢よりも高く設定されており、この程度のものであれば憲法上も許容されないわけではないだろう。(10)

被選挙権、とりわけ立候補の自由との関係では、供託金の制度や額の問題、名簿式比例代表制による個人の立候補の問題、組合の統制権と立候補の自由の問題などが具体的に議論となっている。

## 三　選挙に関する原則

選挙に関しては、選挙権・被選挙権の保障の拡大を通じて、種々の原則が派生し、確立され、それらが憲法にもとり入れられるようになっている。これらの選挙に関する原則は、さまざまな歴史的な経緯を経て、制限選挙・不平等選挙を次第に克服することによって形成されてきたものであり、そのようなことなどから、近代選挙の原則とも呼ばれる。

選挙原則は、国家権力に民主的な正当性を付与することとなる選挙が正当に行われるための要件ともいうべきものであり、選挙権、選挙制度等に関する規範的な要請として、立法府はもちろん、行政府、司法府をも拘束するものであり、これらの機関の行為が選挙原則に違反する場合には、違憲の行為と評価されることにもなり得る。

もっとも、選挙原則は、すべての場合に貫徹される絶対的なものというわけではなく、選挙制度との関係において相対化されたり、他の選挙原則との間で対抗関係を生じたりすることなどによって、その適用について調整がなされるほか、その原則の枠の中で限定的ではあるべきであるが一定の立法裁量が認められることになる。ただし、選挙原則によって認められる立法裁量の幅は異なり、普通選挙や平等選挙の原則においては形式性・画一性が強調されるためにその裁量の幅はより限定されたものとなることになる。なお、選挙原則は、選挙制度について規定し、枠づけるものとはなるものの、それから特定の選挙制度が導き出されるものではない。

選挙法制に関する歴史的展開と憲法の規定によって、選挙原則として、一定の原則が導き出されることになる。この点、近代選挙の原則ということでは、一般に、普通選挙、平等選挙、秘密選挙、直接選挙、自由選挙が挙げられ得るが、(11)日本国憲法が定める選挙原則については、その内容を端的に規定する条文を欠いていることなどもあって、学説上議論が分かれている。この点、従来においては、選挙原則ということでは憲法の規定との関係から普通選挙、平等選挙、秘密選挙の三つが挙げられることが多かったように思われるが、ここでは、普通選挙、平等選挙、秘密選挙、直接選挙、自由選挙のそれぞれについてその意義・内容と憲法上の位置づけをみていくこととしたい。(12)

## 1　普通選挙の原則

普通選挙の原則は、一定の年齢に達したすべての国民が選挙権を保障されるべきとする原則であり、年齢要件以外の要件による選挙権の制限が原則として禁止されるものである。普通選挙は、一定の財産や納税額等を選挙権取得の要件とした制限選挙に対するものであり、狭義においては財産や納税額を要件としない選挙のみを指すものとされるが、今日においては、人種、信条、性別、社会的身分、教育、財産や収入などを要件としないものと広く解されるようになっている。

日本国憲法は、一五条三項において、「公務員の選挙については、成年者による普通選挙を保障する」とし、四四条で「人種、信条、性別、社会的身分、門地、教育、財産又は収入によって差別してはならない」と定め、普通選挙の原則を明示的に規定している。

普通選挙の原則は、選挙権そのものの保障にかかわるものであり、そこではできる限り、国民がその属性として有する相違に着目することなく、画一的な平等が要求されるものと解されるべきである。とりわけ、国民主権との関係からするこの原則の重要性にかんがみるならば、その作用を限定すべき特別の正当化事由でもない限りは、その適用を回避することは許されないといえよう。また、選挙権が単に選挙人の資格にとどまらず、選挙する行為の保障も含むものと考えられる以上、普通選挙の原則においては、選挙権の帰属についての差別のみならず、選挙権の行使についての差別も禁止されることになる。

ところで、普通選挙の原則は、国民に対して選挙権を保障することを意味することから、外国人はその対象外とされることになる。むしろ、従来においては、国民主権の原理からは、外国人に対し選挙権・被選挙権を認めることはできないと解されてきたところである。

ところが、ヨーロッパでの外国人への選挙権付与の動きに触発されるなどして[13]、わが国においても定住外国人に参政権を付与することを求める動きが活発化し、相次いで、地方議会で意見書が採択されたり、訴訟が提起されたりしたほか、国会に一部政党から永住外国人に地方公共団体の長と議会の議員の選挙権を認めるための法案が提出されるなどしている[14]。

この点、学説上は、国民主権の原理との関係から、外国人に国政・地方を問わず選挙権なり被選挙権を認めることは憲法上認められないとする「否定説」が通説的な地位を占めてきたが、近年においては、地方選挙（とりわけ市町村）における選挙権など一定の範囲の参政権（ただしその範囲は論者によって異なる）に限って定住外国人に認めることを可能とする「一部許容説」が有力に主張されるようになっているほか、国政・地方、選挙権・被選挙権を問わず定住外国人に認めることが可能とする「全部許容説」、憲法上一定の外国人について選挙権・被選挙権を認めることが要請され、これを認めない現行制度は違憲とする「要請説」などもみられるようになっている。

また、判例としては、平成七年二月二八日の最高裁第三小法廷判決（民集四九巻二号六三九頁）が「我が国に在留する外国人のうちでも永住者等であってその居住する区域の地方公共団体と特段に緊密な関係を持つに至ったと認められるものについて、その意思を日常生活に密接な関連を有する地方公共団体の公共的事務の処理に反映させるべく、法律をもって、地方公共団体の長、その議会の議員等に対する選挙権を付与する措置を講ずることは、憲法上禁止されているものではないと解するのが相当である」として、定住外国人に対し少なくとも地方公共団体における選挙権を付与することは憲法上許容されるとする判断を示し、注目された。

もっとも、最近の学説にしても、最高裁判決にしても、国民主権の原理との関係などについて十分に理論的な詰めがなされているとはいい難い面があり、憲法論というよりは、政策論を打ち出しているようなものも少なからず見受けられる。(15) その点では、さらなる理論の深化が求められているといえようが、その一方で、定住外国人の政治参加の問題は、きわめて政治的な色彩の強い問題となっており、理論面での詰めよりも政治的な決断によって現実の方が先行していくこともあり得る状況となっている。(16) いずれにしても、国民主権との関係は難問ではあるが、原理・原則といっても、それ自体が歴史的に形成され変遷してきたものであり、またそれはすべての例外を許さないほどに絶対的なものであるわけではないようにも思われる。

他方、普通選挙は、広く成年者による選挙を保障するものであるが、憲法は成年者の範囲を法律に委ね、公職選挙法は、これを民法の成年年齢とあわせ満二〇年以上と定めているところである。しかし、この二〇歳以上という線引きは、先進諸外国が一八歳以上としているのと比べ高すぎるとの批判がある。

確かに、各国の選挙権年齢をみてみると、一九六〇年代の後半以降一八歳にまで引き下げるところが増えており、今や世界の大勢となりつつあるといっても過言ではない状況にある。そして、選挙権年齢を何歳とするかということは、それぞれの国の諸制度や社会状況によって規定される面はあるものの、本質的には国による違いがあまり生ずるような事柄ではなく、それを定めるに当たっては諸外国の動向というものを無視することはできないといえよう。

この点、選挙権年齢の問題は、憲法一五条が成年者による普通選挙を保障していることから、そこでいう「成年者」の意味・範囲が問われることになるが、これについて憲法から具体的な年齢が一義的に導き出されるわけではない。結局、成年者の範囲は、有権者集団の構成という国民主権の基本にかかわる重要な問題でありながら、社会状況、国民の意識、諸制度との整合性、諸外国の例等を考慮しつつ、政治的意思決定能力を有し得る年齢ということから立法府である国会の判断によって決められることになってくるといわざるを得ない。そして、そのようなことからするならば、現在成年者の範囲を二〇歳以上としていることについては、それが著しく合理性を欠いているとまではいえず、またそれが民事成年などとともに長年定着してきているものだけに、直ちに憲法上問題があるとするのは困難なように思われる。しかし、その一方で普通選挙の趣旨からは、成年者の範囲はできるだけ広く設定されるべきであり、その点から成年者の範囲が国会のまったくの裁量に委ねられているということはできず、たとえばこれを民事成年の年齢よりも高く設定したり、十分に合理的な理由もなく引き上げるようなことは憲法に違反するといえよう(17)。また、選挙権年齢の問題は、国民の権利、そして民主主義の基本にかかわるものであり、できるだけ多くの国民に参政の権利が付与されるべきことを求めるのが憲法の趣旨とするならば、現状のままでいつまでも検討せずに放置しておいてよいというものではないだろう。

残念なことに、選挙権年齢の引下げを求める声はいま一つ盛り上がらず、この問題に対する国民の関心もそう高くはない状況にある。また、選挙権年齢の引下げについては、民事成年年齢との関係などが問題となり得る。(18) 民事成年の年齢と選挙権年齢との間には、多くの学説が指摘するように、論理必然的な関係があるわけではなく、理論的には、両者を切り離し、選挙権年齢だけを引き下げることも可能ではあろう。しかし、理論的には必ずしも一致させることを要しないからといって、政策的にも一致させる必要がないかどうかはさらに別途検討を要する。そしてこの点、選挙権の行使という主権者「国民」にとって最も重要な行為について判断能力が認められるのに、日常における私法上の行為に関する能力は不完全なままであるというのは、およそ一般の常識に反するし、国民の多くの理解は得られにくいのではなかろうか。むしろ、これを異ならせることに積極的・合理的な理由がない限り、民事成年の年齢と選挙権年齢を一致させることは憲法の趣旨にも適合するというべきであり、実際上もこれを一致させることが望ましいといえよう。(19) いずれにしても、これまで民事上も、政治参加の面でも、当然とされてきた二〇歳という線引きの妥当性について考え直してみる時期がそろそろ来ているのではなかろうか。

このほか、公職選挙法では、選挙権の欠格事由として、成年被後見人、受刑者、選挙犯罪等の場合の刑の執行が終わった後一定期間にある者が挙げられている。これらについては、選挙権を制限されるのは当然と受け止められてきたが、近年においてはこれに疑問を示す学説も見受けられるようになっている。また、選挙人名簿への被登録資格としての三か月以上の在住要件の問題、在外投票制度において対象を衆議院・参議院の比例代表選挙に限定していることの問題、在宅投票制度の制限の問題なども普通選挙にかかわる問題として議論がなされている。

紙幅の関係もあるので、在宅投票の問題についてのみ若干付言するならば、郵便による不在者投票（いわゆる在宅投票）については、これを利用できるのは現在重度の身体障害者に限定されており、昭和二七年に一度在宅投票が廃止される前のように、歩行が著しく困難であるため投票所に赴いて投票することが困難な在宅者に対して広く認められているものではない。このように重度の身体障害者に限り在宅投票制を復活させたのは、選挙の公正さの確保との関係からとされるが、その結果、同じような状況にありながら、選挙権行使の機会を実質的に保障されていない国民が存在していることは否定できないところである。しかし、在宅投票の対象となる範囲を拡大することによって選挙権を行使することが実際に可能となる者が存在するにもかかわらず、事務手続の問題や選挙の公正さの確保ということから、これを認めないことに果してどれだけの合理性があるのか、公職選挙法が原則とするいわゆる投票現場自書主義を厳格に維持することの必要性も含めて改めて問い直してみる必要がある。とりわけ、この点については、今後とも高齢化が進み、そのピーク時には、三人に一人が高齢者となり、介護を必要とする高齢者の数が五〇〇万人近くにものぼることが予想されている中で、それに対する対応ということからも、検討を余儀なくされることになってくるのではなかろうか。

以上のような普通選挙にかかわる問題を概観してみると、一般には昭和二〇年に二〇歳以上の国民に対して選挙権が付与されることによって完全な普通選挙が実現したと思われがちであるけれども、実質的にあるいは形式的にも選挙権の行使の機会を保障されていない場合がいまだ存在しているという事実が明らかとなる。[20]特に、社会状況の変化や科学技術の進歩は、今後ともそのような場合を顕在化させていく可能性があるといえよう。その意味では、選挙権および普通選挙の原則の意義と重要性が改めて確認されなければならない。また、それらの場合に選挙権行使の機会を保障しようとすると、そのためには何らかの特別の措置を講じたり、特例を認める必要が出てくることになるが、その際には、必ずといっていいほど、選挙の公正さとか厳格な実施とかいったことがその前に壁として立ちはだかってくる。確かに、選挙の公正さが確保されるべきことは、選挙が国民が国政に参加する最も基本的な手段でもあるだけに、きわめて重要なことであり、その確保なくしては、議会制民主主義は成り立たず、議会や政府はその正当性を疑われることにもなりかねない。しかし、そのような特例を認めることによって選挙の公正さが基本的に損なわれるというのであればともかく、そうでなければ、それらのことはまず選挙に参加する機会が十全に保障された上で問題とされるべきものであって、単に厳格さが維持できない可能性があるというだけで、選挙権という国民としての基本的な権利の行使の機会を与えないのは、まさに論理が逆転しているといわざるを得ない。そして、一定の制約を抱え、一般の場合とまったく同列に扱ったのでは逆に選挙から排除することになってしまう国民が存在する以上、それらの者が選挙権を行使できるような手段を講ずべきことは、普通選挙の原則からも要請されているといえるだろう。

## 2 平等選挙の原則

平等選挙は、選挙権の内容についての平等を意味するものであり、選挙人の選挙権に平等な価値を認めるものである。平等選挙は、選挙権が認められる者の中において強度の保障を受けるものであり、一般の平等原則と比較しより形式的に解すべきものといえる。

平等選挙は、一人一票の原則ということで、歴史的には、財産や社会的な身分などによって一票のみをもつ者と二票以上もつ者を認める複数投票制や、選挙人を財産や身分などによって等級に分け、各等級別に選挙を行う等級選挙を否定するものとされてきた。しかし、今日では、平等選挙は、投票価値の平等の問題としてとらえられるようになり（one parson, one vote から one vote, one value）、それとの関係で、選挙区の間の定数配分の不均衡が問題とされるようになっている。

この点、判例は、衆議院の議員定数配分規定を違憲とした最高裁昭和五一年四月一四日大法廷判決（民集三〇巻三号二二三頁）で、「選挙権の平等は、単に選挙人資格に対する制限の撤廃による選挙権の拡大を要求するにとどまらず、更に進んで、選挙権の内容の平等、換言すれば、各選挙人の投票価値、すなわち各投票が選挙の結果に及ぼす影響力においても平等であることを要求せざるを得ない」として、選挙権の平等が選挙人の投票価値の平等を含むことを明らかにするとともに、その憲法上の根拠については、憲法一四条一項、一五条一項・三項、四四条ただし書の規定を挙げ、「憲法一四条一項に定める法の下の平等は、選挙権に対しては、国民はすべて政治的価値において平等であるべきとする徹底した平等化を志向するものであり、右一五条一項等の各規定の文言上は単に選挙人資格における差別の禁止が定められているにすぎないけれども、単にそれにとどまらず、選挙権の内容、すなわち各選挙人の投票の価値もまた、憲法の要求するところであると解するのが相当である」との判断を示した。

学説においても、選挙権の平等が選挙区間の投票価値の平等を含むことについてはほぼ異論のないところであるが、ただ、その根拠については、見解が分かれており、従来は憲法一四条の平等原則を中心に考える傾向が強かったのに対し、近年においては憲法一五条、あるいは四四条ただし書に力点を置くものが増える傾向にある。憲法一五条を根拠とするのは選挙権の権利性、憲法四四条を根拠とするのは形式的平等の要請を強調することで、広汎な立法裁量が許容されるのを避けようとするものであり、またそのほかに憲法四三条一項の国民代表の原理をその根拠とするものもみられるが、どれを根拠とするかによって具体的な基準にどのような相違を生じるのか、必ずしも明確とはいい難い。

ところで、定数配分規定の合憲審査基準について、判例は、人口数と配分議員定数の比率が最も重要かつ基本的な基準としつつも、他の政策的・技術的要素を考慮することも認め、国会の裁量権の合理性を問題として、①選挙人の投票価値の不平等が国会において通常考慮しうる諸般の要素をしんしゃくしてもなお、一般的に合理性を有するものとはとうてい考えられない程度に達しているかどうか、②憲法上要求されている合理的な期間内にあるかどうかの二点から判断すべきものとしている。なお、その際、非人口的な要素について、都道府県は、政治・行政上の役割、国民生活および国民感情における比重にかんがみると無視することのできない基礎的な要素の一つであるとし、都道府県をさらに細分化するにあたっては、従来の選挙の実績、選挙区としてのまとまり具合、市町村その他行政区画、面積の大小、人口密度、住民構成、交通事情、地理的状況等諸般事情が考慮されるとするほか、人口の都市集中化の現象等の社会情勢の変化も政策的観点から考慮できる要素であるとする。

最高裁は、この基準に基づき、衆議院議員の中選挙区制について、昭和五一年判決では最大較差が一対四・九九の状態を違憲とし、昭和五八年一一月七日大法廷判決（民集三七巻九号一二四三頁）では最大較差一対三・九四を違憲の状態に達していることを認めつつ、是正のための合理的な期間を徒過していないため違憲ではないとし、昭和六〇年七月一七日大法廷判決（民集三九巻五号一一〇〇頁）では最大較差一対四・四〇を違憲とし、平成五年一月二〇日大法廷判決（民集四七巻一号六七頁）では最大較差一対三・一八を違憲の状態に達していたことを認めつつ、合理的な期間の関係から違憲でないとしている（このほか、最判昭和六三年一〇月二一日では一対二・九二、最判平成七年六月八日では一対二・八二の格差を合憲と判断している）。そして、これらを通じて、最高裁はその判決で具体的な数値を示してはいないものの、その限界として一対三という基準が推定されるようになり、一人歩きするような状況となっていたのであった。[21]

このような国会の裁量と非人口的要素の考慮を広く認める最高裁の考え方は、衆議院議員の小選挙区制における較差の判断にも基本的に引き継がれている。すなわち、衆議院議員選挙区画定審議会設置法が、選挙区間の人口較差が二倍未満となるように区割りをすることを基本とすべき旨を定める一方で、[22]各都道府県にあらかじめ定数一を配分した上で残る定数を人口に比例して各都道府県に配分する一人別枠方式を定めているために、当初の区割りから較差が二倍を超え、最大較差が直近の平成七年国勢調査人口を基礎とすれば一対二・三〇九と達していた平成八年の総選挙について、最高裁平成一一年一一月一〇日判決（平成一一年（行ツ）第七号　民集五三巻八号一四四一頁）は、その区割り基準および投票価値の不均衡は憲法に反しないとしている。[23]特に、一人別枠方式については、人口の少ない県に居住する国民の意見をも十分に国政に反映させることができるようにすることを目的とするものと認定した上で、人口の都市集中化およびこれに伴う人口流出地域の過疎化の現象等にどのような配慮をし、選挙区割りや議員定数の配分にどのように反映させるかということも国会の裁量の範囲内と判断した。なお、中選挙区制から小選挙区制に制度が変更されることによって最大較差の許容基準が異なることとなるかどうかについては、高裁レベルでは、二院制をとる場合の第一院において小選挙区制がとられる場合の人口比例の重要性を強調するものがみられるが、最高裁の考えは明らかではない。

他方、参議院の選挙区選出議員の定数配分については、最高裁は、参議院の特殊性、すなわち憲法が二院制や半数改選制を採用していることや、選挙区選出議員が都道府県を基礎とした、いわば地域的代表としての意義ないし機能を有することなどを考慮し、そのような選挙制度の仕組みの下では投票価値の平等の要求は一定の譲歩を免れず、較差の是正におのずから限度があるとして、昭和五八年四月二七日大法廷判決（民集三七巻三号三四五頁）では最大較差一対五・六二、さらに昭和六三年一〇月二一日第二小法廷判決（判例時報一三二一号一二三頁）では一対五・八五をそれぞれ合憲とし（このほか、最判昭和六一年三月二七日では一対五・三七、最判昭和六二年九月二四日では一対五・五六、最判平成二年四月二〇日では一対六・二五の格差を合憲とする）、また較差だけでなくいわゆる逆転現象が一部の選挙区においてみられたとしても、それだけではいまだ許容限度を超えて違憲の問題が生ずる程度の著しい不平等状態が生じていたとするには足らないとした。しかし、平成八年九月一一日大法廷判決（民集五〇巻八号二二八三頁）では、最大較差一対六・五九について、参議院議員の選挙制度の仕組み、是正の技術的限界等を考慮しても、投票価値の平等の重要性に照らしてもはや到底看過できないと認められる程度に達していたとして、違憲の問題が生じる程度の著しい不平等状態が生じていたとした。ただしその一方で、憲法が二院制を採った上に参議院議員の任期を六年としていわゆる半数改選制を採用していることなどからすれば、選挙区割や議員定数の配分をより長期にわたって固定し、国民の利害や意見を安定的に国会に反映させる機能をそれにもたせることとすることも、立法政策として合理性を有するとしつつ、違憲状態に達した時から選挙までの間に是正措置を講じなかったことをもって立法裁量の限界を超えるものと断定することは困難としており、是正期間についても、衆議院の場合と比べ緩やかに解していることをうかがわせた。なお、平成六年には最大較差を一対四・八一に縮減する四増四減の定数是正が行われ、それを受けた平成一〇年九月二日大法廷判決（民集五二巻六号一三七三頁）では最大較差一対四・九七が合憲とされている（最大判平成一二年九月六日では一対四・九八も合憲と判断[24]）。

以上に対し、学説においては、少なくとも、一票の重みが特別の合理的な根拠もなく選挙区間で二倍以上の偏差をもつことは投票価値の平等（一人一票の原則）の本質を破壊することになるとして、議員一人あたりの人口の最高選挙区と最低選挙区の投票価値に約一対二以上の較差があってはならず、非人口的要素はいかに考慮に値するとはいえ、原則として一対二以上の較差を正当化することはできないとする説[25]が多くの支持を集めているが、選挙権を権利としてとらえる立場からは、一対一が原則であり、一対一を超える限りたとえ一対二以内であっても、これを正当化する特別の事由が立証されない限り違憲問題を生じると解する説も主張されている。この問題は、格差を判断する場合の数値的な基準として、一対一以外に根拠があり得ないと考え、他の数値的な基準を認めないのか、それとも一対二といった基準に一定の意味を見出すかどうかにもかかわってくる。ただし、前者の場合でも、あくまでも一対一を強調するか、それとも他の要素を考慮することをどれだけ認めるかによって、その結論は大きく異なってくることになる。

また、参議院については、二院制の趣旨、参議院の役割に適した「公正かつ効果的な代表」を実現するために真にやむを得ない合理的な理由があれば、その限りで一票の価値の較差が衆議院の場合よりもやや広くなることは認められるとする考え方が有力であるが、衆議院と参議院の区別を認めない考え方、半数改選による定数の偶数配分を前提に一対四を許容限度とする考え方など、さまざまな説が主張されている。いずれにしても、学説の多くは、四倍や五倍を超える較差を合憲とした最高裁の判断に対し批判的である。

このほか、最高裁が、衆議院の小選挙区選挙で都道府県への一人別枠方式を過疎化現象への対応として認めたこと、あるいは、参議院の選挙区選挙について都道府県代表的な性格を、旧全国区選挙について職能代表的な性格を認めたことについて、学説の多くは、議員を「全国民の代表」と位置づける憲法四三条の規定の趣旨との関係から、疑問を呈している。この点は、特に参議院の場合に人口比例の後退を許容する特殊性としてどこまで認めるかということになるが、それらの学説は、憲法は国民代表や人口比例について参議院を衆議院と異なる位置づけをしておらず、参議院の選挙制度について定めるのは半数改選制だけであるとして、現行制度のままで較差の是正が困難であるならば、投票価値の平等を生かすためにむしろ別の選挙制度を考慮すべきだとする。(26) これに対しては、憲法が二院制を採用していることを考慮するならば、平等原則は総体的な代表選出制度の中で実現されるべき課題であるとし、参議院については都道府県ないしそれより大きな政治単位における国民の意見や利害を均等に反映させるように構成することも可能とする説も主張されており、このような考え方に立つ高裁判決も見られるようになっている。[27] 確かに、参議院選挙区選挙に関する最高裁の考え方では、投票価値の平等という憲法による要請が、法律によって持ち込まれた地域代表的性格によって後退されることになり、しかも最高裁が認める四倍や五倍を超える較差をもって、人口に比例しているとはとてもいい難い。その意味では、人口比例による投票価値の平等を参議院でももっと厳格に求められるとするか、それとも参議院では憲法の人口比例の要請があてはまらないとすることも可能とするかのいずれかの方向で考えていかざるを得ないのではなかろうか。

平等選挙との関係では、このほか、女性の政治参加を進めるためのクオータ制の導入の是非なども問題となっている。[28]

### 3　秘密選挙の原則

秘密選挙は、選挙人がどの候補者や政党等に投票したかを他者に知られない方法で投票が行われることを保障するものであり、選挙の自由と公正を確保する上で不可欠の条件となるものである。憲法一五条四項後段は、「すべて選挙における投票の秘密は、これを侵してはならない」として、秘密選挙の原則を定めるとともに、これを受けて、公職選挙法は、無記名投票、投票用紙の公給、投票の秘密保持、投票侵害罪、他事記載の無効等について規定している。

秘密選挙は、投票の時だけでなく、事前においてどう投票しようとし、また事後においてどう投票したかを検索することも禁止するものであり、裁判所による尋問の場合にもこの点に関する証言を求めることは許されない。投票の検索との関係で特に問題となるのは、選挙権を有しない者が投票した場合や詐欺投票・偽造投票の場合の投票の検索の問題であり、判例は、選挙権を有しない者その他による帰属不明の無効投票については当選の効力の問題としての検索は許されないが、詐欺投票、投票偽造等の罪に関する刑事手続の場合には投票者等を明らかにする必要があり、検索が許されるとする。(29)

なお、憲法一五条四項後段は、「選挙人は、その選択に関し公的にも私的にも責任を問はれない」として、事実上投票の内容が判明した場合の選挙人の公私の無責任についても規定している。

秘密選挙については、投票所に来ない者の氏名の公表などをめぐり強制投票の是非や、在宅投票との関係でも問題となり得る。

### 4　直接選挙の原則

直接選挙は、一般選挙人の投票が直接議員を選出するために投ぜられ、その多数を得た候補者が当選人となる制度であり、直接選挙の原則は、一般選挙人の投票が直接に候補者を当選させる効力をもたない間接選挙を否定するものである。

直接選挙の原則については、地方公共団体の長や議会の議員に関しては憲法九三条が要請しているが、国会議員の選挙については明文の規定を欠いていることから、憲法上の原則かどうかをめぐり、争いがある。この点に関しては、国会議員の選挙について、地方議会の議員など選挙により選任された公務員が国会議員を選挙する複選制が認められないことでは争いがないものの、間接選挙を採用することは、その政策的当否は別として、違憲の問題を生じないとする学説もみられる。[30] しかしながら、間接選挙において中間選挙人の意思と一般選挙人の意思が合致するならば中間選挙人の存在は無用であり、両者が合致しないならば中間選挙人の存在は有害となること、国民の政治能力に対する不信を前提とする間接選挙は日本国憲法が定める国民主権の原理や国民代表の原理と合致しないことなどから、憲法は国会議員の選挙についても直接選挙を規範的要請としていると解するのが多数説となっている。

なお、直接選挙の趣旨は、比例代表選挙においても妥当し、投票後の名簿順位の変更や新たな名簿登載者の補充は許されないことになる。[31]

## 5　自由選挙の原則

自由選挙については、憲法上の原則として取り上げる学説は少ないが、選挙ができる限り自由に行われるべきことはきわめて当然のことであり、自由を欠いた選挙は国家権力の民主的正当性を付与する機能を営み得ないといえよう。日本国憲法は、自由選挙について明文の規定を設けてはいないが、代表民主制の下ではむしろ自明の原理というべきであり、明文の規定の有無にかかわらずこれを選挙の原則として導き出すことができる。また、その場合には、憲法一五条四項、二一条、さらには一三条がその根拠となり得る。

自由選挙の原則は、選挙の自由を保障するものであるが、狭義においては、選挙人が外界からの強制や不当な圧力を受けることなく選挙権を行使し得ることを要請する。この点に関しては、憲法一五条四項後段が選挙人の無答責について規定している。このような投票の自由は、国家機関との関係においても保障されるだけでなく、私的な団体や個人に対しても適用されるものである。

なお、投票の自由は、候補者の選択の自由のみならず、棄権の自由をも射程とするものであるが、それとの関係で、強制投票制度の導入の是非が問題となる。この点、学説は、憲法一五条四項や一九条などを根拠に投票の自由が保障されていることから強制投票制度は許されないとするものが多いが、投票の自由が究極的に保障されているならば棄権率を少なくして議会制度の安定を図るために選挙に参加を要請することも合理的な範囲の下である限り許されるとするものも少なからずみられる。

その場合に、強制投票といっても、問題となり得るのは、投票所に赴き投票することを間接的な方法により強制するものであり、有効な投票を行うことを強制することまで認めようとするものではない。また、強制といっても、その内容についてはその手段や行う段階などによっていろいろなものがあり得る。そして、そのようなことを前提とするならば、投票を強制するような制度は一切認められないとするのではなく、強制投票制度を導入することもやむを得ないような立法事実が存在する場合に限り、かつ軽微な制裁を課すようなものであれば、場合によってはその導入が憲法上許容されることもあるのではないかと思われる。(32)

また、自由選挙の原則は、広義においては、選挙過程における自由を保障するものであり、選挙運動の自由や立候補の自由も含むものといえよう。

このうち、選挙運動は、候補者にとっては、その政見を発表・説明し、その支持を訴えるものであるとともに、選挙人とっては、判断のための情報を得、特定の候補者について支持や批判を表明するものであり、できる限り自由に行われるべきものである。国民の政治参加に関しては、自由の保障が重要であることはいうをまたないところであるが、特に選挙の場面においては、そのことが強調され、政治的言論の自由とその競争が確保されることが要請される。選挙運動の自由は、政治的な表現行為として、憲法二一条の保障を受けるほか、立候補の自由や投票の自由とも密接に結びつき、選挙の基本的理念である「自由」に直接に連なるものとなっている。もっとも、他方で、選ばれた者の代表としての正当性が担保されるには、選挙の公正性が確保される必要があり、そのためには選挙運動に関し一定のルールを設け、そのルールに従って選挙運動を行われるようにする必要性も否定できない。

ところが、わが国の公職選挙法では、選挙の公正の確保の名の下に、選挙運動について厳しい規制を行うとともに、選挙の公営化が進められてきている。その規制は、事前運動の規制、公務員等の地位利用による選挙運動の禁止、戸別訪問の禁止、法定外文書図画の頒布禁止など選挙運動の時期、主体、方法、費用のすべてにわたり(33)、法律で禁止を解除したものだけが認められるという前提に立っており、その厳しさゆえに「べからず選挙」とも呼ばれているところである。

とりわけ、戸別訪問の全面的な禁止は、わが国独自のものであり、これに対し欧米諸国では戸別訪問が選挙運動の中心的なものとなっていることは、しばしば指摘されるとおりである。戸別訪問の禁止の是非については、これまでに繰り返し、訴訟の場に持ち込まれているが、最高裁は一貫してこれを合憲としている。戸別訪問の禁止の根拠について、①戸別訪問は買収、利益誘導等の不正行為の温床となりやすく、選挙の公正を損なうおそれが大きいこと、②選挙人の生活の平穏を害して迷惑を及ぼすこと、③候補者にとって煩に堪えない選挙運動であり、また多額の出費を余儀なくされること、④投票が情実に流されやすくなること、⑤戸別訪問の禁止は意見の表明そのものを抑止するのではなく、意見表明のための一つの手段を禁止するものにすぎないこと、などが挙げられている。しかし、これらはいずれも戸別訪問の禁止を合憲とするに十分なものといい難く、そこで挙げられている弊害は、因果関係が薄く、あるいは時・場所・方法などの部分的な規制によってある程度は解消し得るものである。また、最高裁（例えば最判昭和五六年六月一五日刑集三五巻四号二〇五頁など）が採用した目的と手段の合理的関連性、法益の比較衡量と立法裁量といった論拠に対しても学説の多くは批判的であり、表現の自由の優越性と選挙の公正確保との調和ということからは、立法目的の正当性の審査のほか、その目的を達成するためにより制限的でない緩やかな規制手段があるかどうかを具体的・実質的に審査することを要求するＬＲＡの基準によって合憲性が審査されるべきとの主張などがなされている。このほか、伊藤正己最高裁判事が、判決の中で補足意見として、従来からあげられてきた根拠は厳しい制限を合憲とするには十分でないとする一方で、候補者は選挙の公正を確保するために定められたルールに従って運動するものと考えるべきであり、憲法四七条の趣旨からそのルールの内容については立法政策に委ねられている範囲が広く、それに対しては厳格な基準は適用されないと述べて、注目をされたが(34)、表現の自由の問題に積極的規制の視点を持ち込み、緩やかな合理性の基準を適用するものであるとして、学説の多くは批判的である。

また、事前運動の規制についても、わが国の選挙運動期間は短く、衆議院議員の選挙は一二日、参議院議員の選挙は一七日にまで短縮されてきている。この事前運動の規制について、最高裁は、常時選挙運動を許容するときは、不当・無用な競争を招き、これが規制困難による不正行為の発生等により選挙の公正が害されるおそれがあること、徒に経費や労力がかさみ経済力の差による不公平を生ずることなどから、選挙運動の期間を相当の期間に限定することで、候補者が同一の条件の下に選挙運動に従事し得ることとするものとして、表現の自由に対し許された必要かつ合理的な制限とする（最大判昭和四四年四月二三日刑集二三巻四号二三五頁）。そしてその場合に、選挙運動に関しては、特定の選挙について、特定の候補者の当選を目的として、投票を得または得させるために直接または間接に必要かつ有利な周旋、勧誘または誘導その他の一切の行為として観念されている（最判昭和三八年一〇月二二日刑集一七巻九号一七五五頁）。しかしながら、そのような選挙運動と、特定の候補者の当選を得ることを目的とはしない政治活動との区別は相対的かつ不明確で、実際上は、それを区分することは困難であり、事前運動の規制は有名無実化しているのが実情である。

以上のように選挙運動に関する規制については、判例は、公共の福祉や選挙の自由公正、不当な競争から生ずる弊害の防止などを理由に、一貫して合憲の判断を下しているが、それらは、そもそも一定の時代的な背景の下で形成されてきたものであって、その歴史的な性格と制限の狙いや根拠について立法事実の検証など十分な検討がなされないままに、存続させられているとの感が強い。また、それらの規制は、現職あるいは既成政党に有利となっているとの批判もしばしばなされているところである。そして、そのような中で、広く立法府の裁量に委ねることで、選挙における自由を確保する方向で見直しが行われることが果たして期待することができるのかどうか、疑問を呈する向きも少なくない。現に、選挙制度改革審議会においては選挙運動の自由化の方向がたびたび打ち出されているものの、実現には至っておらず、また、平成五年の衆議院議員の選挙制度改革法案には個別訪問の禁止の解除が盛り込まれていたにもかかわらず、結局、国会での修正によってとりやめとなった。

　自由選挙は、選挙の公正との関係でその適用が緩やかになる面があることは否定できないとしても、わが国の現状は、自由選挙の原則が十分に確立し、保障されているとは言い難い状況にある。その結果、国民にとって、選挙運動は、わかりにくく、面倒で、参加しにくいものとなり、選挙においては、国民は、もっぱら立候補者が行う、限られた選挙運動の受け手の立場に終始せざるを得ないことになり、このことは、国民の選挙に対する意識に少なからぬ影響を与えているものと推測される。

　近年、わが国の社会構造改革に際し個人の自立と民主主義の再構築の必要が指摘され、そこでは国民が統治の客体から主体となるべきことが強調される。しかし、民主政治にとって最も重要な選挙の過程においてでさえ、国民が全くの受け手の立場に置かれているということは、まさに制度的に統治の客体にとどめることを助長しているとはいえまいか。欧米諸国では、選挙運動については、平等といった観点から選挙費用の制限を行ったり、不正行為を処罰することにより、規制するにとどまっているのが一般的である。わが国の選挙運動のあり方については、まさに根本的な発想の転換が求められているということなのかもしれない。

（1）　たとえば、林田和博『選挙法』法律学全集5（一九五八年）三二頁は、「選挙とは、選挙人団という国家の合議制の機関が議員という他の機関を選任する行為である」とするが、選挙について国家法人説の影響を受け機関の行為といったとらえ方をする学説は少なくない。
(2)　宮沢俊義『全訂日本国憲法』(一九七八年) 二一九頁。通説であり、またそれによれば、憲法一五条の「公務員」は、「広義で国または公共団体の公務に参与することを職務とする者の総称」とされている。
(3)　たとえば、最大判昭和三〇年二月九日(刑集九巻二号二一七頁) は、選挙犯罪の処刑者の選挙権・被選挙権の停止を合憲とする判断を示す中で、「国民主権を宣言する憲法の下において、公職の選挙権が国民の最も重要な基本的権利の一であることは所論のとおりであるが、それだけに選挙の公正はあくまでも厳粛に保持されなければならない」と述べる。なお、この判決は、選挙権の権利性を認めたものといえるが、その性格について、一元的な権利ととらえるのか、公務の性格をも認めたものかについては、解釈が分かれている。
(4)　これらについては金子勝「わが国における選挙権理論の現状」憲法理論研究会編『参政権の研究』(一九八七年) で詳しく紹介されている。なお、近年は、権利一元説の立場から二元説を批判して人民主権を基礎に主権的権利ととらえる考え方が杉原泰雄教授、辻村みよ子教授らによって積極的に主張されている。
(5)　野中俊彦教授は「権利の名のもとに具体的になにが主張され、公務の名のもとに権利を制約する要素として具体的になにが語られるか」ということの考察の必要性を指摘する。野中「選挙権の法的性格」清宮四郎編『新版憲法演習(3)』(一九八〇年) 六頁。
(6) 杉原前掲『憲法Ⅱ』一七三頁以下、辻村みよ子『「権利」としての選挙権』(一九八九年) 一八九頁以下。
(7) 同控訴審判決は、またその中で、「国会の制定する投票の方法についての法律は、合理的と認められる已むを得ない事由のない限りは、すべての選挙人に対して投票の機会を確保するようなものでなければならず、若し投票の方法についての法律が、選挙権を有する国民の一部の者につき、合理的と認められる已むを得ない事由がないに拘らず投票の機会を確保し得ないようなものであるときは、国会は投票の方法についての法律を改正して当該選挙権を有する国民が投票の機会を確保されるようにすべき憲法上の立法義務を負う」とも述べる。
(8) 清宮四郎『憲法Ⅰ』第三版（一九七九年）一四二頁、林田前掲九六頁。
(9) 佐藤幸治教授は、公務就任権の端的な根拠は幸福追求権にあるとして、立候補の自由の根拠として憲法一三条も列挙する（『憲法』第三版（一九九五年）一一〇頁・四六五頁）。しかし、公務への就任が人格的な利益としての面をもつことは確かだとしても、憲法一五条の規定から被選挙権の保障を導き出せる以上、憲法一三条まで持ち出したり、それに本体的根拠を求める必要は乏しいように思われる。
(10) ただし、参議院議員の被選挙権年齢を三〇歳として衆議院議員の被選挙権年齢よりも五歳高く設定することについては、衆議院議員と参議院議員の国民代表としての性格に異質性が認められていないことなどからいって、疑義を生じ得ないわけではないように思われる。
(11) ドイツ連邦共和国基本法三八条一項は、「ドイツ連邦議会の議員は、普通、直接、自由、平等および秘密の選挙において選挙される」と規定し、この五つを列挙している。
(12) 選挙原則として、これらの五つを挙げ、詳細な考察を加えたものとしては、長尾一紘「選挙に関する憲法上の原則」(上)・(中)・(下) Law School 一二〜一四号（一九七九年）などがある。
(13) ヨーロッパ諸国において、一定期間合法的に在住した外国人に地方レベルの選挙権・被選挙権を付与するのはスウェーデン、デンマーク、ノルウェー、オランダなど基本的には北欧を中心としたいくつかの国にとどまり、一九九二年二月の欧州同盟条約（いわゆるマーストリヒト条約）による欧州市民権は、あくまでもＥＵ加盟国の市民だけを対象としたものである。また、イギリスは英連邦市民とアイルランド市民に限り国政・地方のレベルの選挙権・被選挙権を付与し、スペイン、ポルトガルでは相互主義により地方レベルの選挙権を認めているようである。ヨーロッパ以外では、ニュージーランドが永住外国人に国政レベルの選挙権まで付与しているほか、カナダでは多くの州で一定期間の在住により選挙権を付与しているようである。しかし、それ以外の国ではほとんど認められておらず、世界的に広がっているとまでは言い得ない。なお、外国人の政治参加の問題は、国際化や外国人の権利という問題だけによって規定されるのではなく、その国の成り立ち、歴史的背景、外国人の状況、その国を取り巻く国際状況などが大きく影響することも認識する必要がある。

(14)　たとえば、平成一四年の一四八回国会に「永住外国人に対する地方公共団体の議会の議員及び長の選挙権等の付与に関する法律案」が公明党と民主党からそれぞれ衆議院に提出され、衆議院で、審議が行われたりしたものの、継続審査扱いとなっている。また、参議院にも共産党から同様の法律案が提出されている。

(15)　地方公共団体は国の統治機構の一部を構成する統治団体であり、地方自治も、国民主権を前提とするものであって、それと別の原理で行われているわけではない。その意味で、最高裁判決のように、地方自治を定住外国人に選挙権等を付与する根拠として持ち出しても、国民主権の原理との関係についてどう調和的に解釈するかといった課題は相変わらず残ることになる。また、住民自治を強調した場合に、選挙権の付与が許容される対象が、最高裁が述べるように当該地方公共団体と特に密接な関係をもつに至った永住者等に限られることになるかということも明確ではない。このほか、選挙権の付与を歴史的特殊性や生活実態を根拠に在日韓国・朝鮮人に限定する議論もあるが、その歴史的特殊性ゆえにそれらの人々に対し特別の配慮をすることは認められるとしても、なお国民主権の問題は残り得るといえよう。

(16)　定住外国人に対する選挙権の付与の問題は、外国人の権利の側面から論じられることが多いが、政治的にはそれによる外国人の統合といった側面があることも忘れられてはならない。

(17)　選挙権年齢の引上げは、一定の者の政治参加の権利を剥奪することになり、基本的に許されないというべきである。その意味では、普通選挙の原則は、選挙権年齢を引き下げる方向性をもっているということができる。

(18)　このほか、少年法をはじめとする青少年保護の分野におけるその上限の年齢と選挙権年齢との関係も問題とはなり得るが、これらを連動させるべきであるとする議論はさすがに少ないようである。

(19)　この点について、昭和四五年九月四日の参議院公職選挙法改正特別委員会において、荒井内閣法制局第三部長は、民法上の成年は現在の経済社会において私法上の行為能力を認めるにふさわしい一般的な心身の成熟が達せられたと見られる年齢を、選挙権の行使にかかわるところの成年は公選による公務員を選ぶための選挙に参加するにふさわしい、その一般的な心身の成熟が達せられたというふうに認められる年齢をいい、理論的に両者が必ず一致しなければならないということではないとしながらも、実際的な見地からみると、その自己のために私法上の行為をするのに十分な判断力を備えているというふうには見られない年齢の者に、公的な選挙についてその十分な判断力が成熟していると認められるかどうかというと、そこには多分に問題があると考えられとし、両者の事実上の密接な関係からみれば、一方を全く無視して他方だけが独走するということは困難ではないかと、答弁している。

(20)　現在においても政治参加の問題が活発に議論されている背景としては、①国際化の進展、②人権意識の向上、③科学技術の進歩による技術的可能性の拡大といったことが挙げられる。特に、科学技術の進歩は、選挙のあり方も含め民主主義をより幅広いものとする可能性をもつといえよう。この問題については、拙稿「我が国における参加民主主義の現状と課題」議会政策研究会年報第三号（一九九七年）を参照。

(21)　衆議院議員の定数配分規定を違憲とした二つの判決では、選挙区割および議員の定数の配分は、議員総数と関連させながら複雑・微妙な考慮の下で決定され、不可分の一体をなすと考えられるから、配分規定は全体として違憲の瑕疵を帯びるとしつつ、行政事件訴訟法三一条の規定に含まれる法の基本原則の適用により選挙を無効とすることによる不当な結果を回避する裁判をする余地もあるとして、違憲の配分規定に基づいて行われた選挙は違法であると判示するにとどめ、選挙自体は無効とはしなかった。これに対しては、違憲判決を受けた国会の対応の不十分さなどもあって、選挙を無効とする判決を行う方法、裁判所が自ら暫定的に定数再配分を行う方法、定数是正が行われないまま選挙が行われる場合に選挙の差止め訴訟を認める方法など、さまざまな方法が議論され、最高裁判決の補足意見の中でも言及されるなどしてきた。

(22)　衆議院議員選挙区画定審議会設置法三条一項は、「改定案の作成は、各選挙区の人口の均衡を図り、各選挙区の人口（中略）のうち、その最も多いものを最も少ないもので除して得た数が二以上とならないようにすることを基本とし、行政区画、地勢、交通等の事情を総合的に考慮して合理的に行わなければならない」とする。なお、これに基づき具体的な区割り基準としては、原則として全国の議員一人あたりの人口の三分の二から四分の三までに各選挙区の人口を収めるようにする、いわゆる偏差方式が採用されている。また、区割りにあたっては、特定の政党に有利となるような恣意的なゲリマンダリングを防ぐためには、行政区画を基準としつつ行うのが有効といわれ、具体的な区割り基準においても原則として市町村の区域は分割しないこととされている。

(23)　その後、最高裁平成一三年一二月一八日第三小法廷判決（平成一三年（行ツ）第二二三号民集五五巻七号一六四七頁）は、平成一二年六月に行われた衆議院議員総選挙の際の最大較差一対二・四七一についても合憲の判断を示している。また、平成一四年には、選挙区画定審議会の勧告を受けて五県で定数を一増、五道県で定数を一減し、六八の選挙区の区割りを変更する改正が行われ、平成一二年の国勢調査人口で最大較差が是正前の一対二・五七三から一対二・〇六四に縮減されている。

(24)　参議院の選挙区選出議員の定数配分に関する最高裁判決については、それ以外に衆議院の昭和五一年判決前のものとして、昭和三九年二月五日大法廷判決、昭和四一年五月三一日第三小法廷判決、昭和四九年四月二五日第一小法廷判決がある。いずれにしても、最高裁は、参議院の場合の許容限度についても、具体的な数値は示していないものの、これまでの一連の判決を通じ、一対六を限度としているものと推測されるようになっている。

(25)　芦部信喜教授は、①少なくとも、議員一人あたりの人口の最高選挙区と最低選挙区の投票価値に約一対二以上の格差があってはならないこと、②非人口的要素は、いかに考慮に値するとはいえ、原則として右の一対二以上の較差を正当化することはできないこと、③人口比例の原則からの乖離を正当化する挙証責任は、表現の自由の場合に準じ、公権力の側にあると解すべきと主張され（『憲法と議会政』（一九七一年）三七九〜三八〇頁、『憲法訴訟の理論』（一九七三年）一二二頁）、これが多数説を形成している。

(26)　芦部信喜『憲法学Ⅲ　人権各論（1）』七九頁。

(27)　学説については、たとえば佐藤幸治前掲『憲法』一一六頁。また、東京高裁平成一一年六月二九日判決（判例時報一六九一号三八頁）は、「参議院（選挙区選出）議員選挙の方法について、人口比例主義を他の要素に優先して尊重すべきものとして、参議院を衆議院化させるのか、それとも参議院の存在意義を確保するため、議員の総定数を限定したり、選挙区の規模を大きくするなど、人口比例主義とは別の政策を採るのかの選択の問題であるといえる。このような選択を含めて参議院議員の定数の決定は、憲法上、立法機関である国会が行うものとされている」とする。

(28)　制度的にみてクオータ制の導入が問題となり得るのは名簿式の比例代表制であるが、政党に直接にクオータを義務づけるのは、「性別」というものが国民主権や国民代表との関係でどのような意味をもち得るのか、政党にクオータを義務づけることが政党活動の自由や自由選挙の原則に反しないか、代表選出の過程で実質的平等の確保のため国家が介入するというのは形式的平等を基本とする平等選挙の原則と相容れないのではないか、などさまざまな問題が考えられる。もちろん、政党がそれぞれの判断でこれを導入することはそのこととは別問題である。なお、フランスでは、一九九九年の憲法改正により憲法に、「法律は男女の公選職への平等なアクセスを促進する」、「政党及び政治団体は法律の定める条件に従ってその原則の実現に貢献する」旨の規定が設けられ、それを受け二〇〇〇年に公選職への男女の平等なアクセスを促進することを目的とする法律が制定され、市町村議会議員、地域圏議会議員、比例代表選挙による選出上院議員、欧州議会議員の選挙についてパリテ（男女同数の義務づけ）が導入されたほか、下院議員の選挙について各政党の候補者数の男女差がその政党の候補者数の二％を超える場合の政党国庫補助の減額が規定された。また、韓国でも二〇〇〇年の政党法の改正によりクオータ制が導入されている。

(29)　無権利者については最判昭和二五年一一月九日（民集四巻一一号五二三頁）、詐欺投票等については最判昭和二三年六月一日（民集二巻七号一二五頁）など。

(30)　たとえば佐藤功『憲法（下）』新版 ポケット註釈全書（一九八四年）六四〇頁は、間接選挙制も憲法四三条の「選挙」に含まれ、間接選挙制をとることも同条に違反するものではないとする。また、『憲法Ⅲ』注解法律学全集3四九頁（樋口陽一担当）は、衆議院に関する限り憲法四三条の「全国民を代表する選挙された議員」という定式化は直接選挙制の要求まで含むものと解すべきとする。なお、実際、憲法制定当初に参議院議員の選挙制度として間接選挙の採用が検討されたことがあった。

(31)　衆議院の比例代表選挙における重複立候補が選挙の時点で候補者名簿の順位が確定しないことをもって直接選挙とはいえないかどうか争われた事件で、最高裁平成一一年一一月一〇日判決は、拘束名簿式比例代表選挙は「投票の結果すなわち選挙人の総意により当選人が決定される点において、選挙人が候補者個人を直接選択して投票する方式と異なることはない」とするとともに、重複立候補についても「結局のところ当選人となるべき順位は投票の結果によって決定されるのであるから、このことをもって比例代表選挙が直接選挙に当たらないということはできず、憲法四三条一項、一五条一項、三項に違反するとはいえない」とする。

(32) 諸外国の中には、投票を義務と規定したり、投票を棄権した者に対する罰則を定めたりしているところもある。たとえば、イタリアは憲法で投票の行使は市民の義務と規定し（ただし罰則は一九九三年に廃止）、ベルギーでは罰則として譴責処分または一定の罰金、オーストラリアでは罰則として五〇ドル以下の罰金が定められるなどしている。

(33) 公職選挙法が定める選挙運動の規制としては次のようなものがある。
① 選挙運動の期間に関する規制（選挙運動の始期と終期、選挙期日後の挨拶行為の制限）
② 選挙運動の主体に関する規制（選挙運動関係者・公務員等の地位利用・教育者の地位利用・未成年者・選挙犯罪により選挙権および被選挙権を有しない者の選挙運動の禁止）
③ 選挙運動の方法に関する規制（文書図画の頒布・掲示の制限、演説会・街頭演説の制限、連呼行為の制限、政見放送・経歴放送以外の選挙運動放送の禁止）
④ その他の選挙運動の制限（選挙事務所の数、選挙運動用自動車・船舶の使用制限、選挙運動用拡声器の制限、戸別訪問の禁止、署名運動の禁止、人気投票の公表の禁止、飲食物の提供の禁止、一定の要件を具備しない新聞・雑誌の選挙報道・評論の制限）

(34) 最判昭和五六年七月二一日、最判昭和五七年三月二三日、最判昭和五九年二月二一日、最判昭和六〇年一一月一二日の各補足意見など。

## Ⅳ　選挙制度の類型とわが国の選挙制度

### 一　選挙制度の類型

選挙制度は、選挙区、投票方法などによって区別され、それが代表の方法の違いと結びつくことで、それぞれの特性がかたちづくられることになる。

まず、選挙区は、選挙人団の区分であり、議員の選出の単位でもある。その区分の基準としては、地域・職能などさまざまなものが考えられ得るが、近代選挙においては、選挙人の居住する地域をその構成の基礎とするのが通例である。そして、選挙区制については、一般に、一選挙区における選出議員の数（議員の定数）によって、一人を選出する「小選挙区」と二人以上を選出する「大選挙区」とに区分される。なお、平成六年の公職選挙法の改正前の衆議院議員の選挙区は、都道府県をいくつかの選挙区に区分し一つの選挙区から三人ないし五人を選出するものであったことからわが国では伝統的に「中選挙区」と呼んでいたが、これは先の区分からすれば大選挙区の一種ということになる。

また、投票方法については、候補者個人に投票する方法と名簿に投票する方法があるが、個人に投票する場合には、一選挙区において選出する議員の定数にかかわらず投票において一人の候補者を選ぶ「単記投票制」、一選挙区から二人以上の議員を選出する大選挙区の場合で投票において二人以上の候補者を選ぶ「連記投票制」があり、連記制については、議員の定数に達する数の候補者を選ばせるか、それとも議員の定数に満たない数の候補者を選ばせるかで、「完全連記制」と「制限連記制」に区別される。

このほか、当選人の決定方法に関する絶対多数方式と相対多数方式、一回投票方式と二回投票方式の区分、候補者の得票についての移譲式と非移譲式の区分、当選基数の算出方法による区別などもある。

選挙制度は、それらの組み合わせによってさまざまなものが構成され得るが、それによって代表の方法も変わり、議会への民意の反映の仕方が異なってくるほか、政党の状況にも大きな影響を与えることになる。

他方、代表の方法については、①多数代表制、②少数代表制、③比例代表制に区分されるのが一般的である。(1)

これらのうち、多数代表制は、議員の選任をその選挙区の多数派の意思にかからしめるものであり、投票者の多数派から議員を選出するものということができる。小選挙区制および大選挙区完全連記制がこの多数代表制に属することになるといわれるが、この方法は、候補者の当選に結びつかない死票を数多く生ずるといった問題がある一方で、わずかな得票差でも大きな議席差が生ずるため、安定した議会勢力が得られ、政局が安定するといったメリットがあるとされる。(2)

次に少数代表制は、選挙区の少数派からも議員の選出を可能とするもので、大選挙区単記投票制および大選挙区制限連記制（特に累積投票を認める場合）がこれに属することになる。ただし、この方法では、あくまでも少数派にも代表の機会を与えるというにとどまり、実際に少数派がどの程度の議員を選出できるかは、まったくの偶然に委ねられることになるといわれる。

これに対し、比例代表制は、多数派・少数派の各派に対して得票数に比例した議員の選出を保障するもので、得票数に比例して各政党に議席を配分することになるものである。その種類は、きわめて多数にのぼるが、一般に名簿式と単記移譲式とに大別されている。そのうち、名簿式は、政党が作成した候補者名簿に対して投票を行い、原則として名簿上の候補者の間で投票の移譲を行う方法である。また、この方式は、投票の方法や当選人の決定との関係で、政党があらかじめ順位を指定した名簿に投票し、その順位に従って当選人が決定される「拘束名簿式」、選挙人が名簿上の候補者の順位を変更したり、名簿上の候補者に投票することを認める「非拘束名簿式」、選挙人は名簿上の候補者にも拘束されない「自由名簿式」とに大別されることになる。(3) いずれにしても、この方式では、各政党名簿の得票数を算出し、それを当選基数（quota）で除し、その得た商により各党に対する議席の配分が行われることになり、それにはヘアー式、ドループ式、ハーゲンバッハ・ビショップ式、ドント式などの方式がある。(4) 一方、単記移譲式は、単記による投票について、当選のために必要かつ十分な得票数を超える票を選挙人の指定する順序に従って他の候補者に順次移譲させることができることとするものであり、政党本位となる名簿式とは対照的に、単記移譲式は政党よりも個々の候補者に力点が置かれるものである。(5)

比例代表制は、民意を忠実に反映し、少数派にも合理的な代表を得せしめることとなる一方で、少数政党が議会に進出し、政局が不安定となるおそれがあること、政府が政党間の駆引きによって形成されることになること、手続が煩瑣でわかりにくいこと、特に名簿式の場合には選挙人と議員との間に政党が介在して中心的な役割を果たすために直接性が薄れること、などの問題点も指摘されている。なお、比例代表制の効果は、その性質上、選挙区の大小によって大きく異なってくる。また、比例代表制をとる国では、小党分立を避けるために、阻止条項を定め、得票率が一定以下の政党には議席を配分しないこととしているところもみられる。(6)

そこで、以上のことを前提としつつ各国の選挙制度をみてみると、各国で具体的に採用されている選挙制度は、実にさまざまであり、多数代表制・比例代表制のほか、それらを組み合わせたものなどがみられる。(7)

その場合に、多数代表制を採用する国では、イギリス、アメリカ、カナダのように単純小選挙区制を採用する国のほか、候補者が当選するためには選挙区で絶対多数の支持を得ることを必要とする小選挙区絶対多数制を採用するところもある。その代表的なものが、フランスの国民議会議員の選挙で採用されている小選挙区二回投票制であり、これは、投票を二段階で行うもので、第一回の投票で絶対多数を獲得した候補者がある場合にはその者が当選人となるが、ない場合には一定数以上の得票を得た者あるいは上位二人の間で第二回の投票が行われ、その場合には比較多数の得票を得た者を当選人とするものである。この方法による場合には、第二回の投票では、政策協定を結ぶなど積極的あるいは候補者の辞退など消極的なかたちで、政党連合の形成が促されることになる。このほか、絶対多数の方法としては、選挙人が投票用紙に順位を付して投票を行い、絶対多数を獲得した候補者がいない場合には、最も得票の少なかった候補者の票を取り崩し、その票をそれぞれの第二順位に指定されている候補者の票として分配し計算し、この手続を過半数を得る候補者が出るまで繰り返す「選択投票制」もある。

また、多数代表制と比例代表制の組合せについては、たとえば、小選挙区比例代表並立制、小選挙区比例代表併用制などがある。わが国の衆議院議員選挙のほか、イタリア、ロシア、ハンガリー、韓国などでも採用されている小選挙区比例代表並立制は、小選挙区制と比例代表制の二つの選挙をそれぞれ別々の選挙として行うものであり、それぞれの特性を兼ね備え得るものとされる。これに対し、ドイツなどで採用されている小選挙区比例代表併用制は、選挙人は小選挙区選挙と比例代表選挙の二票を投じ、各政党への議席の配分は比例代表選挙での政党の得票を基準として算出されることになるものであり、比例代表制を基本としつつ選挙人の決定について小選挙区での投票を通じ選挙人の意向を一定程度反映させようとするものである。(8)

## 二　選挙制度が政党や議会政治に与える影響

選挙制度は、政党の状況や活動に影響を与えるだけでなく、議会政治のあり方にも影響を及ぼすことになる。また、議院内閣制においては、議員の選挙制度は、単に議会の構成にとどまらず、国民による政権選択のあり方にまで影響を及ぼすものとなる。

選挙制度が政党の状況や政党システムに影響を与えることについては、さまざまな研究を通じて明らかとされてきている。その中でも最も知られているのは、小選挙区制は二大政党制をもたらし、比例代表制は多党制をもたらすとするもので、フランスの憲法・政治学者であるM・デュベルジェによって提示されたものである。(9) それによれば、小選挙区制では、第三党が議席を獲得することがかなり困難なために極端に過小代表されることになり、また選挙人も第三党に投票してもその票が議席に結びつかず死票となることから、他の二大政党に投票を変える傾向をもつことになり、その結果、第三党以下の政党は淘汰されていくことになるという。これに対し、比例代表制では、各政党はおおむねそれぞれの得票率に比例した議席が配分されることになるため、小選挙区制の場合より政党の数が多くなる傾向があり、多党制を促進することになるとされる。ちなみに、小選挙区を採用するイギリスでは、二大政党制における政党間の議席の比率は各政党の得票率の三乗に比例するといった経験則(三乗比の法則)が働くといわれ、ある程度デフォルメされたものとはいえ、このような得票率の較差が議席数に増幅して反映される傾向は、第三党以下で著しく作用することになる。

もっとも、現実には、政党状況は、選挙制度だけでなく、社会状況などにも左右される。実際、小選挙区制を採用している国でも有力な第三党が存在していることが少なくなく、選挙区レベルでは二つの大きな政党の争いとなっているとしても、全国レベルにおいて小選挙区が二大政党制をもたらすとは必ずしもいえない面がある。また、比例代表制においても、制度によって多党制の現れ方は異なり、大政党が有利となるように機能することもあるといわれる。逆にいえば、選挙制度がどのような効果をもつかは、社会状況や既に存在する政党状況によって左右されるところが大きいということができる。

しかし、そうはいいながらも、小選挙区制と比例代表制が政党システムとの関係で指摘されているような影響を及ぼす傾向があることは否定できず、特に、社会状況と相互作用するような場合、たとえば社会が多元的であるときに比例代表制を採用したとき、社会的同質性が比較的高いときに小選挙区制を採用したときには、それぞれ多党制、二大政党制の傾向が強くあらわれるということはいい得るであろう。

また、選挙制度は、政党システムとともに、民主政治のあり方にも大きな影響を及ぼすことになる。このため、選挙制度や統治機構のあり方は、民主政論とのかかわりで論じられるようになっており、そこでは、一定の民主政治の型を実現するために、一定の政党システムや選挙制度が追求されることにもなる。

すなわち、小選挙区制は二大政党制をもたらしやすいといわれるが、この二大政党制の下では政権が安定し、議会においては多数派の意思が貫徹されることになり、その場合に議会は、国民に向かって多数派がその政策をアピールし、少数派がそれを批判する場（アリーナ）になるとされる。また、小選挙区制による議員の選挙については、政党の二元化によりその段階で民意の集約が行われるとともに、実質上多数党の党首を首相に公選するという効果をもち得ることになる。さらに、比較的わずかの票の移動が議席数に増幅して反映されるために、政権交代が容易になるとされているところである。

これに対し、民意の集約よりも多様な民意の反映を重視する少数代表制や比例代表制は、多党制をもたらしやすく、多党制の下では、政権は連立となりやすく、そこでは政党間の交渉により内閣が構成されることになるとともに、議会においては合意形成が重視されることになるともいわれる。

この点で、しばしば引用されるのが、M・デュベルジェとアメリカの政治学者A・レイプハルトが示したモデルである。デュベルジェは、国政に民意を反映する方法として、国民が選挙を通じて政治プログラムとその実施主体を事実上直接に決め、それに基づいて政治が行われる形態を「直接民主政」(démocratie directe)、国民の中に存在する多様な意見をできる限り忠実に議会に反映させ、その後に具体的にいかなる内閣を構成するかは、代表者の話合いや政党間の交渉に委ねる形態を「媒介民主政」(démocratie médiatisée) と呼んで区別し、現代民主制の課題は「直接民主政」を実現することにあるとした。また、レイプハルトは、理念型として、多数派型デモクラシー (majoritarian democracy) と合意形成型デモクラシー (consensus democracy) に区分し、多数派型では、国民の多数派の意思に基づく統治こそがデモクラシーの理念により接近するとされ、イギリスとニュージーランドがそのモデルとされるとともに、このタイプを特徴づけるものとして、①執行権の集中－単独多数派内閣、②権力の融合と内閣の優位、③非対等の二院制、④二大政党制、⑤対立軸が一元的な政党システム、⑥相対多数選挙制 (小選挙区一回投票制)、⑦中央集権制、⑧不文憲法と議会主権、⑨排他的代表民主制 (直接民主的制度の排除) が挙げられるとする。これに対し、合意型は、スイスとベルギーをモデルとするもので、可能な限り多くの人々の合意に基づく統治を目指すことがデモクラシーの理念にそうとし、①執行権の分有－大連立政権、②フォーマルまたはインフォーマルな権力分立、③対等二院制と少数派の代表、④多党制、⑤対立軸が多元的な政党システム、⑥比例代表制、⑦地域的または非地域的な連邦制と地方分権、⑧成文憲法と少数派の拒否権がその特徴として挙げられている。

選挙制度を構想する場合に、どのような民主政治を志向するか、あるいは日本国憲法の下でどのように議院内閣制あるいは議会政治を運用すべきかといったことは、その前提ともなる問題であり、それらのモデルはいろいろな示唆を与えてくれる。ただし、それらは、あくまでも、一つの理念型を示したものであって、現実の政治にすべてそのまま当てはめることのできるものではなく、実際にそこで挙げられた要素の存在によって政治がそのように運用されるとは限らない。いずれにしても、それらは、基本的な方向性あるいは重きを置くべき要素を示したものととらえるべきであって、あまり二者択一的なものとして強調するのは妥当ではなかろう。また、選挙制度や政党システムによってどのような民主政治の状況となるかは、さまざまな要素によって異なってくるものであり、ある国において採用された選挙制度が、他の国の選挙制度として採用されたからといって同じ効果を発揮するとも限らず、単純なモデル化や模倣はむしろ危険とさえいうべきであろう。

## 三　日本国憲法と選挙制度

日本国憲法は、選挙の方法に関してはこれを直接には規定せず、「選挙区、投票の方法その他両議院の議員の選挙に関する事項は法律でこれを定める」（四七条）として、法律に基本的に定めを委ねている。このため、選挙制度の採用については、一般には立法府である国会の広い裁量に委ねられていると受けとめられており、判例も、「代表民主制の下における選挙制度は、選挙された代表者を通じて、国民の利害や意見が公正かつ効果的に国政の運営に反映されることを目標とし、他方、政治における安定の要請をも考慮しながら、それぞれの国において、その国の事情に即して具体的に決定されるべきものであり、そこに論理的に要請される一定不変の形態が存在するわけではない。我が憲法もまた、右の理由から、国会の両議院の議員の選挙について、およそ議員は全国民を代表するものでなければならないという制約の下で、議員の定数、選挙区、投票方法その他選挙に関する事項は法律で定めるべきものとし、両議院の議員の各選挙制度の具体的決定を原則として国会の広い裁量にゆだねているのである」（最大判昭和五一年四月一四日民集三〇巻三号二二三頁）として、同様の考え方を示している。

もっとも、その際には、選挙制度に関連する憲法の規範的な要請に従わなければならず、その点から国会の裁量は制限を受けることになる。そのようなものとしては、憲法一四条一項、一五条一項・三項・四項、四三条一項、四四条ただし書などが挙げられ、また二一条の表現の自由も密接に関連してくることになるが、その内容と縛りについては、国民代表の原理や選挙に関する原則のところで既に述べた。また、選挙においては選挙人の意思に基づいて代表者を選出することを基本とするが、そこで示された意思が歪められ、その結果に反映しない制度は、その本質からして許されないことになる。

さて、それでは、憲法のこれらの規定から、一定の選挙制度が導き出され得るのであろうか。

これについては、日本国憲法の下での選挙制度が、関係規定に適合的であるべきことはもちろんであるが、そこから一義的に特定の選挙制度が導き出されるものではないといわざるを得ない。そもそも、選挙制度のあり様は、その国の政治的な風土や伝統、政治的な諸制度やその状況などの相互的な関係を前提として、かたちづくられていくべきものであって、憲法は、選挙に関係する諸規定を設けつつ、それらを踏まえた判断を国会に委ねており、その際に、憲法の諸規定は、消極的なかたちでそれに適合しない制度を排除するにすぎない。また、それぞれの選挙制度は、いずれも長所と短所をもち、また通常いわれるような効果を実際に生じるとは必ずしも限らない。その意味では、もともと選挙制度に完全なものなどあり得ないということが理解されなければならないだろう。

そのような中で、どのような選挙制度を選択するかは、結局、憲法の規定を踏まえつつ、どのような選挙観、代表観、民主政観に立つかということが関係することになってくるだろう。ただ、選挙が、代表者の選出を通じて、民意を議会に伝達する装置であるとしても、選挙で示された意思にどれだけ重きを置くかは論者によって微妙に異なる。また、国民代表に、議会が国民の意思をできるだけ正確に反映しなければならないとの積極的な意味を読み込むとしても、正確な代表といっても、各政党の得票率と議席率の一致を重視するか、それとも世論の主要な動向の国会への反映を重視するかで見解は分かれる。(11) そもそも選挙制度は、代表の正確性と政治の安定性をはじめとする憲法政治の能率性の要請の両方を満たすものである必要があるが、この二つの要請は相反する場合も少なくなく、同時に満足するのは困難であり、結局、いずれを重視するかといった選択の問題となってくるのである。このほか、統治のあり方として、国会中心の政治と内閣中心の政治のいずれを志向するのか、民主政のあり方としてどのような方向を目指すのかといったことも深くかかわってこよう。

その点で興味深いのは、高橋和之教授が提示した「国民内閣制」をめぐる議論である。(12) すなわち、従来の憲法学においては、国会を政治の中心ととらえ、選挙においては国会に多様な民意が反映されることを重視し、それに適合的な選挙制度として、比例代表制を好ましいとする傾向がみられた。これに対して、高橋教授は、国会ではなく、内閣を政治（統治）の中心ととらえ、統治の民主化という視点から、国民が内閣を選出し、内閣が国民に対し責任を負うよう、選挙において首相と政策プログラムを国民が選択することにより議院内閣制をデュベルジェのいう「直接民主政」的に運用するようにすべきであると主張し、その実現のためには、政党制としては二党制が、選挙制度としては小選挙区制が適合的との議論を展開するのである。(13)

確かに、従来の憲法学の議論が、既に存在している国民の意思を国会にいかに反映させるかというところにとどまり、官僚主導と国会の形骸化に有効な処方箋を示し得なかったことは否定できないところであり、統治のあり方、すなわち国会および内閣の位置づけと機能を国民あるいは民主政の観点から再構成することについては首肯できる面もないわけではない。

しかしながら、国民の意思・利害の多元化・断片化・流動化が進行する中で、選挙において示された民意が最も重きをなすとしても、それを固定的にとらえることは妥当ではなく、また選挙において選択的な政策プログラムが提示され、国民による意識的な選択がなされるとは限らず、現実の選挙を見る限りそれはむしろ稀のように思われる。さらに、政党の溶解現象が進むとともに、既成の政党の拒否といった状況がみられる中で、国民による多数派形成といった観点から政党の数（システム）を考えていくことでよいのかどうか、またそれが実際にどのような効果をもたらすことになるのか、さらに政治の中心を内閣か国会かといった二者択一的な視点に立ち、アクション＝内閣－コントロール＝国会といった図式で多様な政治を方向づけることだけでよいのかどうかについても、なお慎重な検討を要するのではなかろうか。

## 四　わが国の選挙制度とその評価

わが国の国会議員の選挙制度としては、衆議院議員については小選挙区選挙とブロック単位の拘束名簿式の比例代表選挙の並立制、参議院議員については都道府県を単位とする選挙区選挙と全国を単位とする非拘束名簿式の比例代表選挙の並立制が採用されている。

## 1　衆議院議員の選挙制度

衆議院議員については、その定数を四八〇人とし、このうち三〇〇人は小選挙区選挙、一八〇人は全国を一一に分けたブロックを単位とする比例代表選挙によって選出されることになっている。この選挙制度は、それまでの中選挙区制に代わって、平成六年の公職選挙法の改正によって導入されたものである。従来の中選挙区制は、一選挙区において三人〜五人の議員を選出するもので、比較法的にはあまり例のないわが国独自のものであったが、少数派も選出されることが可能となり比較的得票率に見合う議席の獲得を可能としてきたと評される一方で、政党が多数派を目指す以上、同一政党から複数の候補者が立候補し、同士討ちとなることが避けられないために、政策本位ではなく個人単位での金のかかる選挙や派閥単位の選挙となってしまうこと、政権交代が起こりにくく、政治に緊張感を欠き政治腐敗の原因となっていることなどの問題点が指摘されてきた[14]。そして、政治スキャンダルが相次ぎ、それに結び付けられるかたちで中選挙区制の弊害を指摘する声が強まる中で、政治改革として、政党本位・政策本位の選挙をうたい文句に導入されたのが小選挙区比例代表並立制と呼ばれる現行の制度であり[15]、そのためのさまざまな仕組みも設けられている。新制度導入以降も、若干の見直しが行われてきているが、その内容はおおむね次のとおりである。

まず、小選挙区選挙については、各選挙区の定数は一であり、選挙区は公職選挙法別表第一に定められているところである。選挙区については、三〇〇のうち、まず各都道府県に一つが均等に配分され、その残りを都道府県の人口に比例して配分する方法がとられている。これは、人口の少ない県に居住する国民の意見も国政に十分に反映させることを目的とするものであるとされるが、その結果、選挙区画定審議会設置法において選挙区の改定案の作成では格差が二倍以上とならないようにすることを基本とする旨が定められているにもかかわらず、格差は、当初の区割りでも、平成一四年に成立した公職選挙法の一部改正法による五増五減の改定でも二倍以内に収まることはなかった。なお、選挙区の改定については、内閣府に設置される衆議院議員選挙区画定審議会が改定案を作成し、内閣総理大臣に報告するものとされており、その場合の勧告は統計法四条二項本文の規定により一〇年ごとに行われる国勢調査の結果による人口が最初に官報で公示された日から一年以内に行うものとされている。

小選挙区選挙における立候補については、本人届出と推薦届出のほか、政党その他の政治団体の届出も認めている。候補者を届け出ることができる政党は、①衆議院議員または参議院議員を五人以上有すること、②直近の衆議院議員総選挙における小選挙区選挙もしくは比例代表選挙または参議院議員の通常選挙における比例代表選挙もしくは選挙区選出選挙の得票総数が有効投票総数の一〇〇分の二以上のいずれかを満たす必要があり、候補者届出政党には、独自に選挙運動が認められ、特に政見放送については候補者届出政党のみに認めることとしている。当選人の決定については、立候補者に対する単記投票により有効投票の最多数を得た者が当選人とされるが、その場合有効投票の総数の六分の一以上の得票があることが必要とされている。

次に、比例代表選挙は、地域ブロックを単位として拘束名簿式比例代表制によって選出されることになっており、選挙区およびその定数は公職選挙法別表第二に規定されている。それによれば、比例代表の定数一八〇を一一のブロックの人口に比例して配分しており、具体的には北海道八、東北一四、北関東二〇、南関東二二、東京一七、北陸信越一一、東海二一、近畿二九、中国一一、四国六、九州二一となっている（平成一四年の定数是正後）。

名簿を提出できる政党その他の政治団体については、小選挙区選挙における候補者届出政党と同じく①国会議員五人以上、②直近の国会議員の選挙での得票率二パーセント以上ほか、③その選挙区の定数の一〇分の二以上の候補者を名簿に登載すること、のいずれかを満たすことが要件とされている。そして、①か②を満たす政党その他の政治団体については、小選挙区選挙と比例代表選挙との間での重複立候補が認められ、その際には、重複立候補した者の名簿の順位を同一とすることができ、それらの間では小選挙区での最多数を得た当選者の得票に対するその得票の割合（惜敗率）の大きさの順で、当選人を決定することとされている。なお、その場合の当選人の数の配分についてはドント式が採用されている。

以上のような衆議院議員の選挙制度については、小選挙区制そのものを違憲とする議論のほか、(16)既存の政党に有利すぎるとの批判もある。

この点、最高裁（最大判平成一一年一一月一〇日民集五三巻八号一五五七頁以下）は、小選挙区における投票価値の較差（この点については、Ⅲの三の2の平等選挙の原則の項参照）、小選挙区制、比例代表制、小選挙区選挙と比例代表選挙への重複立候補を認める制度、候補者届出政党に別に選挙運動を認めたことなどの合憲性が争われた訴訟で、それらについていずれも合憲の判断を示している。(17)

その中で、小選挙区制については、個々の選挙区においては全国的な支持を得てない政党等に属さない者でも当選できる可能性があり、野党や少数派政党等であっても多数の議席を獲得することができるという特質をも有し、特定の政党にとってのみ有利な制度とはいえず、死票を多く生む可能性があることは否定し難いが、死票はいかなる制度でも生ずるものであり、選挙区における最高得票をもって当選人とすることが選挙人の総意を示したものではないとはいえないとした上で、選挙を通じて国民の総意を議席に反映させる一つの合理的方法ということができ、これによって選出された議員が全国民の代表であるという性格と矛盾抵触するものではないとする。他方、比例代表選挙については、選挙人の総意により当選人が決定される点において選挙人が候補者個人を直接選択して投票する方式と異なるところはないとし、比例代表選挙が直接選挙にあたらないということはできないとするとともに、併せて選挙制度を政策本位・政党本位のものとすることは、国会の裁量の範囲に属することが明らかで、国会の裁量権の限界を超えるものとは解されないとしている。

なお、候補者届出政党にのみ政見放送を認めたことについては、政見放送という手段に限ってみれば候補者届出政党に所属する候補者とそうでない候補者との間に単なる程度の違いを超える差異を設ける結果となり、差異が設けられる理由とされているものがこのような大きな差異を設けるに十分な合理的理由といい得るか疑問を差し挟む余地があるといわざるを得ないとしながらも、政見放送が認められないことの一事をもって選挙運動に関する規定における候補者間の差異が合理性を有するとは到底考えられない程度に達しているとは断定し難く、これをもって国会の合理的裁量の限界を超えているということはできないとした。また、重複立候補制についても、小選挙区選挙で示された民意に照らせば議論があり得るところとしながらも、選挙制度の仕組みを具体的に決定することは国会の広い裁量にゆだねられているとしている。

以上のように、最高裁は、現行の制度について、国会の広い立法裁量を認め、合憲と判断したが、むしろそれらによっていくつかの問題をもつことが明らかになったように思われる。すなわち、政党本位ということがその意味や憲法上の評価が十分に検討されないままに用いられていること自体が問われなければならないのはもちろんのことであるが、仮に政党本位の選挙が国会の立法裁量に属するものだとしても、たとえば候補者届出政党のみに政見放送を認めることは質量の両面で大きな較差を生じ、候補者届出政党に所属しない候補者に極めて不利な条件の下で競わせることになり、政党本位ということをもってこれを合理化することはおよそ困難ではないかということである。政党本位という名の下に大政党に有利で小政党や無所属の候補者に不利となる仕組みをあえて採り入れることの憲法適合性が改めて問われなければならない。

## 2　参議院議員の選挙制度

参議院が、憲法によって期待されている役割をよく果たすためには、衆議院議員とは異なる選挙の仕組みにより、参議院議員の選出を通じて、衆議院とは異なる面からの民意が代表されるようになっていることが必要なことはいうまでもない。

参議院議員の選挙制度に関し、その構成についていかに衆議院との異質性を確保するかということは、憲法の制定の段階から大きな問題となり続けてきたものであった。

すなわち、その検討を行った政府はこの困難な問題の対応に苦慮することになり、当初は、間接選挙制、推薦制度を加味した全国区制、職能代表制なども考慮されたが、ＧＨＱの難色、技術的な困難性などもあって、都道府県を選挙区とする地方区と、全国を一選挙区とする全国区の二本建てとし、全国区において事実上職能代表的な機能が発揮されることを期待したのであった。しかしながら、参議院議員の選挙制度については、その後も、全国区の見直しを中心にたえず問題となり、昭和五七年には全国区に代わって拘束名簿式の比例代表制が導入された。しかし、比例代表選挙については、参議院の政党化を一層促進させることとなったほか、選挙資金の節減などの効果もあがっていないとの批判があり、一回目の選挙実施直後からその見直しが議論されることとなった。またそれに加え、平成六年に衆議院議員の選挙制度として小選挙区比例代表並立制が導入されたことによって、実質的に小選挙区となる二人区を半数以上も抱える選挙区選挙と比例代表選挙による参議院の選挙制度と衆議院の選挙制度が同じ「並立制」ということで類似するという問題も生じた。そして、そのようなことなどを背景に、参議院議員の選挙制度の改革案が各方面で検討されたものの、容易にはまとまらず、そのような中で、名簿登載順位をめぐるスキャンダルが発覚したことなどを契機に、平成一二年となって急遽、比例代表選挙について、拘束名簿式の欠点とされる候補者の顔が見えにくい、過度の政党化、政党の行う順位づけが有権者にとって分かりにくいといった問題に対応するものとして、それを非拘束名簿式とする改正が行われたのである。

この非拘束名簿式の導入は、結果として、第八次選挙制度審議会の答申で示された内容と同じものとなったが、同審議会においてはそれは抜本的な改革案の提示を断念し、現行の制度を前提とした若干の改善策として示されたものであって、衆議院と参議院の選挙制度が並立制として原理的に類似している状況や参議院の現状にかんがみるならば、非拘束名簿式比例代表制の評価によっては(18)、今後、参議院の選挙制度改革が再び大きな問題となる可能性もある。もっとも、参議院の選挙制度改革案については議論がほぼ出尽くした感があり、それほど多くの選択肢があるわけではない。たとえば、第八次選挙制度審議会は、望ましい選挙制度のあり方として、候補者推薦制をとること、都道府県を代表する議員を選出する選挙のみとすること、広域ブロック単位の選挙のみとすること、全国単位の選挙のみとすること、都道府県単位の選挙と広域ブロック単位または全国単位の選挙とを組み合わせることなどの方策をとり上げたが、種々の問題からいずれも結論とするに至らずに終わっている。(19) なお、参議院議員の選挙制度については、どうしても衆議院議員の選挙制度を前提とし、それとの差別化ということから検討されることになりがちであるが、二院制を機能させるためにはそれぞれがいかなる観点から民意を代表するようにするのかということを考慮し、両者の組合せを念頭に置きながら、一体として両者の選挙制度が検討されるのが筋であろう。

参議院について、憲法は、国民代表としての性格の面でも、選挙に関する原則の面でも、衆議院と区別することなくまったく同じように定めており、その強い公選的な性格に特色を見出すことができる。そして、それがために、衆議院の優越を認めながらも、比較憲法的にみても決して弱くはない権能が参議院に与えられているともいえるのである。(20) また、参議院に関しては、しばしばその政党化が批判されるが、公選を基本とする以上、政党化はむしろ不可避であり、問題としてはその政党化の中身こそが問われなければならない。二院制がその機能を発揮することも憲法の要請するところであり、参議院の選挙制度についてはそのような観点から弾力的な判断が許容されることになるが、それはあくまでもその枠組みの中であって、そのことは衆議院の構成と異質なものを確保するということと深刻なジレンマを生じることになる。問題は、これら二つの要請の調整と臨界点であり、そこでは、たとえば都道府県代表や職能代表といったことが憲法四三条との関係で認められるかどうか、どこまでその公選的な性格を後退させることができるかなどといったことが問題となってくることとなろう。

現在の参議院の制度は、議員の定数が二四二人とされ、このうち九六人が比例代表選挙、一四六人が選挙区選挙によって選出される。(21) 参議院議員の任期は六年であり、三年ごとに半数ずつ改選されることになっている。

選挙区選挙は、都道府県の区域を選挙区の区域とするものであり、その定数は半数改選との関係ですべて二〜八人の偶数となっており、定数二人の選挙区では選挙で選出すべき議員は一人で、小選挙区となっている。なお、選挙区選挙は、建前上は個人中心の選挙と位置づけられ、選挙期間中の政党の活動は確認団体としての政治活動が中心とされている。比例代表選挙は、全国を単位とし、また名簿式ではあるが、選挙人は名簿登載者の氏名または政党名により投票を行うものとされ、投票は名簿ごとに集計して議席配分が行われ、得票数により順位を定めた上で当選人を決定するものとされている。

## 3　選挙運動に関する規制と選挙公営

選挙運動の自由は、候補者や選挙人の表現の自由との関係でもとらえられるものであるが、選挙制度という面からみても重要な構成要素となるものであり、その確保は必要不可欠ともいえる。しかしそれと同時に選挙運動は公正に行われなければならず、選挙運動の自由と選挙の公正の確保との調和をいかに図るかということがたえず問題となる。わが国の選挙運動規制は、民主主義国家の中では例外的なほど厳しいものといわれ、選挙制度審議会においてその見直しが検討されたりするものの、一向に規制は緩和されず、むしろ選挙のたびに不正が相次いで生じていることなどもあって連座制の強化など規制は強められる方向にあり、その一方で、選挙の公営化が進められてきている。

選挙の公営は、選挙費用の高額化に対する対処策として各国でとり入れられているものであるが、わが国では特に積極的に行われ、その対象も、選挙公報、ビラ、ポスター、葉書、新聞広告、政見放送・経歴放送、特殊乗車券の無料交付など、実に広範かつ詳細なものとなっている。選挙の公営化は、選挙費用の高額化を防止するだけでなく、経済力の劣る候補者にも平等な運動の機会を確保するものとなる。しかし、その一方で、選挙の公営化は、選挙運動の規制と表裏をなすものとなっており、実際に一定の範囲内でその費用を負担する代わりにそれ以外の同種の方法による選挙運動を制限するといったことが行われている。また、公営とする場合には、既成の大政党に有利となる傾向があることは、たとえば衆議院の小選挙区選挙における候補者届出政党の選挙運動にみられるとおりである。そして、選挙の公営化が進むことによって、立候補の魅力が増大し、泡沫立候補を招きやすくなる一方で、その防止のために、供託金の増額と、法定得票数に達しない候補者からの供託金の没収と費用の一部徴収といったことが行われ、その結果、新興の小政治勢力にとってはますます負担が大きくなり、ハンディキャップとなっているのである。その意味で、選挙の公営化は、諸刃の剣となりかねない面をもっていることについても留意されるべきであろう。

## 4 その他

このほか、わが国の選挙においては、選挙の公正の確保が過度に強調され、投票について厳格な運用がなされているのも一つの特徴といえよう。この点についてはⅢの三の1でも若干触れたところであるが、たとえば、投票については、選挙人は、選挙の当日、自ら、自己の属する投票区の投票所に赴き、選挙人名簿またはその抄本の対象を経て投票しなければならないとする投票当日投票所投票主義がとられている（公職選挙法四四条）。その例外として認められているのが不在者投票の制度であるが、一般的な不在者投票については利用しやすいように不在者投票事由が緩和されたものの、郵便による不在者投票は一定程度以上の重度の身体障害者に対象が限られ、代理投票は投票管理者のいる投票所または不在者投票所における代筆投票にとどまっている。また、選挙人は投票用紙に自ら候補者一人の氏名等を記載し、これを投票箱に入れなければならないとする単記自書投票主義がとられており（公選法四六条）[22]、これは他事記載等による投票の効力の問題を生じさせるほか、参議院の比例代表選挙において候補者の個人名の投票の意味を問い、当選した者と落選した者との間での個人名の得票の逆転現象の不合理さを指摘する議論にもつながっているのである。

これらの問題は、一見、技術的な問題のようにみえる。しかし、現実には選挙権の行使につながる重要な問題となっており、それらのあり方について検討される場合には、できるだけ多くの選挙人の意思が投票において生かされるような方向が模索されていくべきではなかろうか。(23)

(1)　そのほか、選挙制度ないし代表方法の区分ということでは、多数代表制と比例代表制に二分するものもあり、その場合の多数代表制は相対多数または絶対多数を獲得した候補者が当選人となる制度とされ、その場合には小選挙区制だけでなく、大選挙区制もこれに含まれることになる。

(2)　このほかに、小選挙区制については、そのメリットとして、候補者を知りやすいこと、選挙費用を軽減できること、選挙人が多数派の形成に直接寄与できることなどが、デメリットとして、選挙区と議員が緊密となり腐敗が生じやすいこと、利益誘導型に流れやすいこと、少数意見が反映されにくいこと、新党が出にくいことなどが挙げられており、大選挙区制については、小選挙区制とメリットとデメリットが反対となるとされる。しかし、いずれも論理必然的なものではなく、その他の要素に影響されるところも大きく、あまり固定的に考えるべきではないだろう。

(3)　名簿式比例代表制については、まず拘束名簿式（強制名簿式）と非拘束名簿式（自由名簿式）の二つに分け、拘束名簿式を絶対拘束名簿式（厳正拘束名簿式）と単純拘束名簿式とに分け、当選人の順位を選挙人の意思に委ねる方式を単純拘束名簿式とし、政党の名簿に拘束されず、名簿以外の候補者にも投票できる方式を非拘束名簿式とする分類も行われている。

(4)　「ヘア式」は、有効投票総数を選出すべき議員定数で除したものを当選基数とするものであるが、投票がすべて当選者に配分される場合を計算の基礎とし、落選者のあることを考慮しないため、当選基数が過大となる。次に、「ドループ式」は、有効投票総数を選出すべき議員定数に一を加えた数で除した商に一を加えた数を当選基数とするものであり、「ハーゲンバッハビショップ式」は、有効投票総数を選出すべき議員定数に一を加えた数で除した商に〇より大きく一より小さい数を加えた数を当選基数とするものである。これらの方式では、まず各政党が議席を得るために達しなければならない当選基数を設定した上で、第一段階では、各党の得票数を当選基数により除し、それにより各政党に議席が配分されるが、残余の議席があれば、第二段階として、当選基数を使ってしまった後の残余の得票の多い順に与えられることになる。このため、これらの方式を「最大剰余法」と呼び、次のドント式、サンラグ式、修正サンラグ式を「最高平均法」として区別する考え方もある。なお、わが国では、最大剰余法といえばヘア式を指すことが多いようである。

他方、「ドント式」は、各党の得票数を連続した整数（一、二、三、…）で順々に除し、その商の大きい順に各党に議席を配分するものであり、得票率と議席数が接近することになるが、大政党に有利な結果を来たすことが多いといわれる。そこで、少数党に有利な配分を行うために考案されたのが「サン・ラグ式」で、この方式では、政党の得票を一、三、五、七、…と奇数で順次除するものである。また、「修正サン・ラグ式」は、サン・ラグ式が少数党に有利となることから、最初の除数を一の代わりに一・四を用いることで、ある程度の票がない小党を切り捨てるものである。これらの方式では、順次除していくことにより得られた商の中で選挙すべき議員定数に相当する最後の順位のものが当選基数とされる。このため、これらの方式は、除数方式として、ヘア式等の基数方式と区別されることもある。

このほか、ヘア式基数とドント式除数を用いて議席配分をすることによって、両者の特徴を結合させる方法もある。

（5）単記移譲式は、手続が煩瑣で、小さい選挙区でなければ実行が困難とされるほか、比例代表の基本思想にそぐわないともいわれる。現在オーストラリア上院、マルタ、アイルランド等で用いられており、オーストラリアでは、選挙人は投票に際して、政党に投票するか候補者群に順位を付すかのいずれかを選択するようになっている。

（6）阻止条項は、国によって異なり、ドイツでは比例代表選挙での五％以上の得票または小選挙区での三名以上の当選が必要とされている。いずれにしても、阻止条項は比例代表選挙の効果を減殺する方向で作用することになる。

（7）比例代表制は、オランダ（非拘束名簿式）、ベルギー（非拘束名簿式）、オーストリア（非拘束名簿式）、スイス（自由名簿式・一部小選挙区制）、スウェーデン（自由名簿式）、デンマーク（非拘束名簿式）、フィンランド（非拘束名簿式）、ノルウェー（非拘束名簿式）、スペイン（拘束名簿式）などヨーロッパの多くの国で採用され、民主国家の半数以上で採用されている。しかし、比例代表制が世界を制するに至ったとまでいえるかどうかは疑問であり、むしろ比例代表と多数代表、比例代表と少数代表の混合制が今日の新たな傾向として注目されつつあるといわれる。この点については、高見勝利「衆・参両院議員選挙における並立制併存の意味と無意味」ジュリスト一一〇六号（一九九七年）二三頁参照。

（8）その意味で、小選挙区比例代表並立制と小選挙区比例代表併用制とは、かなり異なる制度といえる。その場合に、小選挙区比例代表並立制の特性は、小選挙区選挙で選出される議員定数と比例代表選挙で選出される議員定数の比率、比例代表選挙の選挙区の大きさなどによって規定されることになるが、これについては理念も効果も違う二つの制度を結び付けているとの批判もある。また、わが国では、小選挙区比例代表併用制の基本的な性格を比例代表制ととらえる傾向がみられるが、これに対しては小選挙区の影響を過小評価しているとの指摘もある。このほか、併用制については、議員定数を超える超過議席を生じる場合があることにも注意が必要である。なお、組合せ方ということでは、並立制は連結型、併用制は矯正型に属する。

（9）Maurice Duverger, Les Parties Politiques, 1951（岡野加穂留訳『政党社会学』（一九七〇年））。また、直接民主政と媒介民主政については、Institutions Politiques et Droit Constitutionnel : 1/Les Grands Systèmes Politiques, 14 edition, 1975. なお、後者については、高橋和之『国民内閣制の理念と運用』（一九九四年）二一一頁以下に詳しい。

（10）Arend Lijphart, Democracies : Patterns of Majoritarian and Consensus Government in Twenty-One Countries, Yale University Press, 1984. 高見勝利「デモクラシーの諸形態」『現代の法3　政治過程と法』（一九九七年）所収を参照。

（11）芦部信喜教授は「国民意思の『公正かつ忠実』な反映と言っても、各政党の得票率と議席率との一致という点を重視するか、世論の主要な動向の国会への反映という点を重視するか、意見に大きな違いがあるので、具体的な選挙制度の憲法四三条適否を単純に決めることは難しい」とする（芦部『憲法（新版補訂版）』（一九九九年）二六二頁）。

（12）「国民内閣制」という用語は、高橋教授の造語であるとされ、内閣が国民の直接的な選択・決定に基づいて形成され、「議院」の内閣というよりは「国民」の内閣として現れることが期待されることを表すためのものとされる。なお、本稿では、選挙制度との関連で、国民内閣制について言及するにとどまるが、その議論は、国会が決定し行政が執行するといった伝統的なモデルの見直し、国会の役割など統治のあり方にも及び、またデモクラシーの基本的な理解にもかかわるものとなっている。国民内閣制については、高橋前掲『国民内閣制の理念と運用』、「国民内閣制再論」（上）ジュリスト一一三六号六五頁以下、（下）同一一三七号九二頁以下（一九九八年）

参照。

(13)　ただし、高橋教授は、イギリス型の単純小選挙区制を日本で採用することについては、有権者側の相当の努力と熟練を必要とし、国民にその準備ができていないとして、躊躇を感じるとする。また、少数派の代表が議会内に存在することのシンボリックな意味を無視しえないとしており、小選挙区制を基本としつつ、必要な修正を加えた制度を志向しているようである。

(14)　ただし、それらがすべて中選挙区制に起因するものであったかどうかについては評価が分かれるところであり、中には中選挙区制の下で改善が可能なものも含まれていたことは否定できない。

(15)　導入された小選挙区比例代表並立制の原型を示した第八次選挙制度審議会の答申は、求められる選挙制度改革の方向として、政策本位・政党本位の選挙とすること、政権交代の可能性を高め、それが円滑に行われるようにすること、責任ある政治が行われるために政権が安定するようにすること、政権が選挙の結果に端的に示される国民の意思によって直接に選択されるようにすること、多様な民意を選挙において国政に適正に反映させることなどが必要であるとし、そのためには小選挙区制と比例代表制を組み合わせる方式によるべきとするとともに、民意の集約、政治における意思決定と責任の帰属の明確化および政権交代の可能性を重視すべきであること、少数意見の国政の反映にも配慮する必要があることなどを考慮し、小選挙区比例代表並立制が適当であるとした。

(16)　小選挙区制を違憲とする論拠は多岐にわたっているが、その主要なものは死票の存在が投票価値の平等を侵害するというところにあるようである。しかし、投票価値の平等が、死票とならない可能性や結果価値の平等を保障するとまではいえないのではなかろうか。また、小選挙区制は「ゆがんだ鏡」になるとして憲法四三条の要請に反するとの主張もなされているが、先に述べたように代表の正確性のとらえ方にも二つのものがあり、小選挙区制については政権交代による代表の正確性が主張されることもあるようである。

(17) 平成一一年一一月一〇日の最高裁大法廷判決は、三一件に及ぶ事件について同時に判決しているものであり、そのうち、小選挙区制と選挙区割の合憲性および候補者届出政党の選挙運動を認める規定の合憲性については平成一一年(行ツ)第三五号事件、小選挙区の区割規定等の合憲性については同第七号事件、比例代表制および重複立候補の合憲性をついては同第八号事件の判決が一般に引用されている。

(18) 非拘束名簿式は名簿を基本とする選挙であることから、名簿登載者に対して投じられた票はその名簿届出政党等の票としてカウントされることは当然ともいえるが、候補者の氏名を記載する自書式投票とされていることから、候補者個人に投じられた票ととらえられかねない面をもっており、それに起因する問題がいくつか指摘されている。また、非拘束名簿式は、選挙運動の実態としては旧全国区の復活となり、同じような弊害を招くとの批判も少なくない。

なお、参議院の非拘束名簿式比例代表制の合憲性が争われた事件で、東京高裁平成一四年一〇月三〇日判決は、非拘束名簿式も基本的に政党本位の選挙制度であるには変わりはなく、名簿登載者個人名を自書した投票であっても、それは第一義的にはその所属する名簿届出政党等に対する投票意思が表示されたものであり、これと併せて当該名簿登載者が当選人となるべき順位を上位にする旨の投票意思が表示されたものとみるのが合理的であって、国民の選挙権を侵害するものではない、としている。

(19) 第八次選挙制度審議会によれば、候補者推薦制については推薦母体の構成や推薦手続などの制度上・運営上の課題について憲法の規定との関係を含めた検討の必要、都道府県代表選挙については都道府県が連邦制国家の州や邦と同視できないこと、広域ブロック単位・全国単位の選挙については選挙区選挙の廃止の現実性、都道府県単位の選挙と広域ブロック単位または全国単位の選挙の組合せについては広域ブロックの合理的設定の困難性や区域の変更のみでは従来の弊害が避け難いことなどから、いずれも結論とするには至らなかったとされる。

(20)　予算、条約、内閣総理大臣の指名の場合に比べ、法律案の場合の衆議院の優越は弱く、現在の政党状況からすれば衆議院で三分の二以上の多数で再議決を行うことは困難であり、そのようなことを踏まえると、わが国の二院制は、従来の理解のような非対等型ではなく、対等型の二院制に近いと解されるべきである。このような理解は平成元年に参議院で与野党勢力の逆転が生じた以降、多くの論者によって指摘されるようになっている。

(21)　参議院議員の総定数は、平成一二年の公職選挙法の改正により二五二人（比例代表選出議員一〇〇人、選挙区選出議員一五二人）から一〇人削減され、二四二人となったが、参議院議員が三年ごとに半数ずつ改選されることになっているため、この定数削減は平成一三年と平成一六年の二度の通常選挙を経て行われることになっている。

(22)　地方公共団体の議会の議員と長については、記号式投票のほか、電子式投票も認められているが、国会議員の選挙については、平成六年の改正の際に記号式投票とされていた衆議院議員の選挙の投票方法は、平成七年の改正により再び自書式投票に戻されるなど、頑ななまでに自書式投票が維持されている。

(23)　筋萎縮性側索硬化症（ＡＬＳ）の患者が、公職選挙法および同法施行令によって選挙当日投票所投票と郵便投票での自書が要求されているために投票の機会が奪われていることについて、東京地裁平成一四年二月二八日判決は、投票所投票主義および自書主義を原則とする選挙制度を定め、維持するのであれば、投票行為の性質に伴う必然的な制約や投票の秘密・選挙の公正の要請から身体的条件によって選挙権行使の機会を奪う結果となってもやむを得ないと判断されるのでもない限り、投票所等に行くことも自書することも不可能な選挙人が存在すれば、それらの選挙人に選挙権行使の機会を保障するための制度を設けることが憲法上要請されているとした上で、投票のために生命を危険にさらさなければならないようなＡＬＳ患者が選挙権を行使できるような投票制度が設けられていなかったことについては、憲法一五条一項・三項、一四条一項および四四条ただし書に違反する状態であったといわざるを得ないとしている。

なお、この判決を契機として、公職選挙法の見直しが検討され、一定の要介護者（要介護度五）を郵便投票の対象者に追加するとともに、一定の身体障害者（上肢または視覚の障害が一級）を対象に郵便投票における代理記載制度を導入することなどを内容とする同法の改正案が、平成一五年の第一五六回国会に提出された。郵便投票の対象者として追加される要介護者の数は約一二万人、代理記載投票制度の対象者は約一三万人と見込まれている。

# Ⅴ　政党と議会政治

## 一　政党をめぐる状況

憲法学の世界では、政党は、憲法がそれに関する明文の規定を欠いていることなどもあって、長い間正面から取り上げられることの少ない、いわば裏方の存在の扱いを受けてきた。しかし、憲法に基づく議会政治が政党によって運用されていることはまぎれもない事実であり、九〇年代には政党中心の政治を掲げた「政治改革」が進められたことなどもあって、政党に関する憲法学からの言及は飛躍的に増加するようになっている。

政党は、議会制民主主義の実現にとって不可欠の存在であり、その存在なしには議会政治はもはや機能し得ない。とりわけ、普通選挙の実現による大衆民主主義の確立は、国民の意思を集約し、国家との間の媒介機能を果たすものとして政党の存在意義を高らしめ、政党は不可避的な現象となった。そして、政党が国家意思の形成および決定に実質上主導的な立場を占めるような国家状況は、「政党国家」などと呼ばれているのである。現代国家は、大なり小なり政党国家の状況を呈し、わが国においても政党国家的慣行の中には、憲法現象としてすでにいわば憲法慣習法の領域にまで高まっているものも存在しているということができよう。また、政党国家においては、統治機構がどう機能するかは、実質的には政党の状況によって規定されることになる。[1]日本国憲法が定める代表制、二院制、議院内閣制、地方自治などの制度も、実際には政党の状況によって規定されるところが少なくなく、その結果、その理念・原理と現実との間で齟齬や緊張関係を生じている。

もっとも、以上のように議会政治にとって政党はなくてはならない存在となっているにもかかわらず、政党は、十分にはその機能を果たしえなくなっていることが批判され、国民は、既成政党に対して非常に厳しい目を向けるようになってきており、政党政治、さらには議会制民主主義そのものが大きな試練に立たされるようになっている。

## 二　政党の意義・性格

### 1　政党の意義・機能

政党は、議会政治にとって不可欠の存在であるにもかかわらず、その機能や性格の多様性・複雑性・流動性ゆえに、政党をどのように定義するかということは、かなりの難問に属する問題とされている。

これまで、政党についてでは、学説などによりさまざまな定義がなされてきた。しかし、たとえば、政党に関する古典的定義の代表としてしばしば引用されるJ・ブライスの「政治権力への参加ないしその獲得を目的とし、この目的を達成するために永続的な組織を利用する、共通のイデオロギー的見解を有する人びとの結合体(2)」という定義にしても、また法律上に詳細な定義を置くドイツ政党法の「政党とは、継続的または長期にわたって連邦または州の領域のために、政治的意思形成に影響を及ぼし、かつ、ドイツ連邦議会における国民の代表に協力する市民の結社であり、それが事実関係における全貌、特にその組織の規模と堅固性、その党員の数と公衆への進出からして、この目的の真剣さを十分に保証するときのものをいう(3)」とする定義にしても、政党の重要な特質を挙げるものではあっても、そこで定められているそれぞれの要件が政党を他の団体と区別する決定的な要素となるとは必ずしもいえない面があることも否定できない。

そこで、ここでは、政党という存在の多様性・多義性を確認しつつ、政党が議会政治においてどのような機能を担っているかをみることで、その意義をある程度確認しておくにとどめることとしたい。

政党が現実に果たす機能は実に多様であり、それを網羅的に挙げること自体が容易なことではないが、その主要なものとして、①国民意思の形成・媒介・統合、②政治指導者の育成・選定、③議会政治の運営、④国民の教育の機能などを挙げることができるであろう(4)。

そして、それらの中でも、とりわけ政党の重要な機能・使命とされているのが、国民意思の形成・媒介・統合である。

議会制民主主義において、議会が決定する国家意思は、できる限り国民の政治的な傾向を反映したものであることが要請されるが、民意は、社会的領域における現象であり、またそれは多様な個別の意思として分散的・対立的・流動的なかたちで存在している。そして、それが国家機関の領域に持ち込まれるためには、それらがなんらかのかたちで把握され、選別され、集約されることが必要であり、それは、具体的には国民に内在する政治的な諸力が組織化され、政党を通じることによって具体的な内容をもって国家意思の形成過程へと流入されることになる。

このような機能は、特に選挙の場面において顕著に示されることになる。すなわち、政党は、選挙に参加して、社会に存在する多様な意思や利益を集約し、それを政策プログラムとして候補者とともに提示し、政党が示した選択肢の中から、有権者が投票によって選択を行うのである。そして、そこで示された国民の意思は、多数を制することで権力を獲得した政党（与党）によって実現が図られることになるが、権力を獲得できない政党（野党）は、権力に対する批判と抵抗を通じて、それに対して示された意思の反映・擁護を行うことになる。その意味で、政治的権力の獲得は、政党にとって基本的な目的となるものであり、また選挙は、政党活動における最大の目標となるものといえるのである。

しかし、国民の意思の形成・媒介・統合は、選挙ばかりでなく、通常の政治活動を通じても行われる。そのために、政党は、あらゆる政治問題に対して、政治的態度を明らかにし、あるいは争点や問題点を明確にし、それに関する情報を国民に提供することが求められ、それによって生起した多様な民意を政治の場に媒介し、反映させることになる。また、そこでは、単に、国民の要求を受動的に中継するにとどまるのではなく、政党の側も世論を意識的に形成するように働きかけを行い、このような相互作用の中で国民の意思の形成・反映が行われる。そして、そのようにして抽出された民意は、政党内の調整、さらに議会における政党間での討議を通じて、国家意思へと統合されていくのである。

また、政党指導者を育成し、選定する機能も政党の重要な任務となる。すなわち、政党は、選挙において、候補者を擁立し、有権者を選挙に動員することで公職に当選させる。そして、選挙において支持を得た政党は、議院内閣制であろうと大統領制であろうと、政治的権力を獲得することになり、その代表者がナショナルリーダーとなって政権を担当することになるのである。すなわち、選挙は、政党間の競争によって、有権者が未来の政権担当者を選択する機会ともなるのである。

さらに、政党は、議会内に形成した会派を通して、議会の運営・活動を担うことになる。その場合、政党と会派は区別されるべきものではあるが、実質的には会派は政党の伸ばされた手というべきものである。[5] それに加え、議院内閣制の場合には、議会内の多数派が内閣を組織することにより、与党と政府が人的にも政策的も密接に結びつくことになる。

このほかに、国民に対する政治教育の機能を果たし、その意識の啓発を図ることも政党の重要な機能となるものであり、それによって国民の関心を政治に引き寄せ、国民が政治に参加することを促進させる役割が求められることになる。その点において、政党の日常の宣伝活動や情報の提供がきわめて重要な意味をもつことになる。

もっとも先にも述べたように、これらの機能は、政党だけが担っているわけではない。たとえば、国民の意思の形成や媒介ということでは、マスメディアや利益集団なども一定の役割を果たしているということができる。しかしながら、それらの機能を中心的かつ総合的に担っているのは政党だけであり、結局のところ、その点において、政党とそれ以外のそれらの団体とは区別されることになるといえるのである。

## 2　与党と野党

政党が以上のような機能を果たすためには、当然のことながら複数の政党の存在が必要となるのであり、政党の機能については、多数派（与党）と少数派（野党）の対抗関係を抜きにして語ることはできない。特に、議院内閣制の下では、議会の選挙において多数の支持を獲得し、政権を担当することとなった与党は、選挙で掲げた政策プログラムの実現を目指し、内閣における政策の形成や執行権の行使に影響を及ぼすとともに、議会において法律や予算の議決、条約の承認等に関する多数決によって内閣の政策を支えることで、国民に提示した政策的選択肢の実現を図り、あるいは内閣にその政策的選択肢の実現を求めることで、国民に対して責任を負うことになる。これに対して、政権に加わらない少数派である野党は、議会において、選挙で国民に示した政策的選択肢により、内閣の政策の阻止あるいは修正を求めて、それを批判し、対案を示すことで、国民に対して責任を負うことになるのである。

そして、それによって、議院内閣制の対抗関係は、政府VS議会というよりは、政府・与党VS野党へと変質するようになり、政府に対抗し、これをコントロールする役割は、野党が中心となって担うことになるのである。憲法が規定する制度も、そのことを前提とした上で、解釈されるべきであろう。

また、このような選挙による多数派と少数派の関係は、固定的なものではなく、その時々の国民の意思によって変動し得るものであり、そうである以上は、国民による代表の選出過程において、それぞれの政党は、その勢力にかかわらず、できる限り平等に取り扱われることが要請されることになる。他方、議会においては、少数派である野党の役割が重要となることから、これに対しては制度上も一定の配慮をすることが求められることになる。このことは、日本国憲法も含意しているところであり、たとえば、憲法が、五三条で各議院の議員の四分の一以上の少数派に臨時会の召集要求権を認め、五七条一項で議院の会議の秘密会の要件として出席議員の三分の二以上による特別多数を定め、さらに五七条三項で五分の一以上の少数派に表決の会議録への記載要求権を認めているのは、その表れと解することもできるだろう。

もっとも、少数派への配慮といっても、そのことは、議会での意思決定において少数派の意思が貫徹されるまでのことを求めるものではない。議会制民主主義において、多数決は代表制と並んで基本的な原理となるものだけに、議会の意思は最終的には多数決によって決めざるを得ない。すなわち、議会の審議については、政府・与党の政策が基本的に維持される中で、野党によりその政策が批判され、あるいは代替案が示され、時に世論の支持を背景としてそれが阻止されたり、修正されたりするところに、その意義があるといえるのである。

なお、議院内閣制における対抗関係について、さらに付言しておくならば、単に政府・与党と野党との対抗関係としてみるだけでなく、「選出勢力（議会・内閣・大臣）が非選出勢力（官僚制）に優位し、前者が後者を従属させるための制度」[6]としての面があることにも留意することが必要となってこよう。

### 3　政党の性格

政党の性格に関しても、その機能の場合と同様に、多様といわざるを得ず、それを無理やり一つにまとめることは不可能であり、また適当でもない。政党については、次のような性格をもつことが指摘され得る。

その一つは、社会的団体としての性格である。

そもそも、政党は、自らの支持基盤として特定の社会階層や利益集団をもち、その利害を政治の場に反映すべく社会内に自発的に生じ、自主的に活動する団体として性格をもつものである。この点では、政党は、私的あるいは部分的な性格が強い団体ということができ、他の社会的団体と何ら異なるところはない。もっともだからといって、政党が、たとえば労働組合などの社会的団体とまったく同列に位置づけられるものではない。

もう一つは、公的団体としての性格である。

すなわち、政党は、国民の支持を得て多数派を形成するためには、特殊・部分的利益の代弁者たる地位を超えて、国民的ないし公共的な利益を志向し、その実現を約束せざるを得ないのであり、その点では、単なる私的な性格をもつにとどまるものではない。また、議会制民主主義においては、政党が複数存在し、それらによって代表される国民各層の多種多様な意思・利害が選挙や国家機関の諸活動を通じて統合されることになるが、国民の意思・利害を国家意思の形成過程に反映させるためには、個々の国民と国家との間に媒介するものが必要となり、政党がまさにこの機能を果たすことになる。もっとも、そのような機能は、政党に限らず、マスコミや利益集団も担っているものである。しかし、政党の場合には、選挙に参加し、政策を提示することによって、有権者の審判を受けるとともに、選挙で代表に選ばれた所属員は議員として議会を構成し、さらに多数派となれば内閣（政府）を構成し、与党として政府を支える一方で、少数派は野党として政府・与党の政策を批判し、政権交代を目指すなど国家意思の形成過程に直接に関与することになるのであり、特にそのような点においてその公的な性格を見出すことができるのである。

なお、政党がこのように私的な性格をもつことと、公的な性格をもつことは、なんら矛盾するものではない。むしろ、この二つの性格が並存し、しかも私的な性格がベースとなった上で公的な性格を有しているところに政党の結社としてのユニークさがあるといえるだろう(7)。

このほかに、政党が国家機関的な性格をもつことを指摘する議論もある。確かに、政党は、議員、閣僚等を選択し、その所属員たる議員、政府の閣僚等を通じて、国家意思の形成に参与するなど、憲法上の国家機関に対し大きな影響力を有しているが、政党自身が国家意思を決定できるわけではなく、本来の意味での国家機関たり得るものではない。また、先に挙げたような政党の性格からすれば、政党を国家機関ととらえることは、政党を政党でなくするに等しいといわなければならない。この点、憲法が政党について直接に規定するような場合でも、それは政党の機能等について制度的保障を与え、その使命等を規定するものであって、これをもって政党を国家機関とみることはできない。ドイツ等で見られるような政党を国家機関ととらえる考え方も、国家機関という意味を緩やかに解しているにすぎないといえよう。(8)

さて、そこで問題は、政党の基本的な性格をどう理解するのか、いいかえれば、政党を国家の外にある社会的領域、国家と社会的領域の中間にある公的領域、国家領域のいずれに位置づけるのか、あるいは少なくともどこに本籍があるとみるのかということである。この点に関して、従来の憲法学説の多数は、政党の結社の自由の保障の枠でとらえ、社会的性格を強調する傾向が強かったが、最近では、社会的性格だけでなく、公的な性格を認める学説も増えている。もっとも、政党の公的性格が、政党助成をはじめとして政党について制度や規律を設ける場合の正当化の根拠として安易に持ち出されていることなどもあって、あえて政党の公的性格を否定する学説も根強く存在する。(9)

しかしながら、政党の本籍は社会的領域にあるとしても、政党が単に量的な問題だけでなく質的な問題として公的性格を帯びることは否定できないところであり、それをあえて無理やりに否定することは妥当ではないだろう。むしろ問題は、それを認めることにあるのではなく、それが十分な検証や分析もなしに政党に対する援助や規制の正当化の根拠として持ち出されていることにあるのであり、またその内容やそれがどのような効果と結びつくのか（言い換えれば他の社会的団体とは異なるどのような援助や規律がどの程度まで許されるのか）が検討されることが求められているといえよう。

そして、それに関連して注目されているのが、森秀樹教授の分析である。森教授によれば、政党の公的性格にも異なる次元があって、それをひとまとめにして政党が、そして政党だけが公的存在であると論定するのは事柄の複雑で多様な性格に対する厳密さと慎重さに欠けるとして、政党がマスコミや労働組合等と同様に公的意思形成に果たす役割については「社会的な公的性格」、主権者意思の制度的な直接的発現に起因する性格については「制度的な公的性格」として区分してとらえ、前者の場面では政党と他の団体との影響力の相違は程度の差にすぎず、政党だけを特別扱いする理由とはならないのに対し、後者の場面では政党が国家権力と特別の関係を有することになるがゆえに、他の団体と質的に異なる取扱いが許容あるいは要請される場合が存在し得るとする。また、制度的な公的性格については、選挙過程における公的性格と統治過程における公的性格に分け、さらに後者を現実に公権力を担う与党＝政権党と、それに批判・制御・同意・妥協を与えて間接的にかかわる野党とに区別すべきとするのである。(10) 確かに、政党の公的性格を十分な検討や説明もないままに持ち出すのではなく、公的性格をその質あるいは程度から分類する視点は重要であると思われるが、その公的性格の区分・相違が政党に関する規範のあり方との関係で具体的にどのような違いをもたらすかまで検討され

なければ、政党の公的性格をアプリオリに持ち出す議論に対する有効な批判とはなり得ないのではなかろうか。(11)

いずれにしても、政党の性格をどうとらえるかということは、政党に対する援助あるいは規律の是非を考える上で重要なポイントとなるものではあるが、それだけをもって制度の合理性が判断されるべきものではなく、それぞれの場合において政党と国家の関係、政党と国民の関係、政党の状況やあり方が具体的に吟味され、その合理性が判断されるべきであろう。

## 三　政党の法的な位置づけ

### 1　政党に対する法の態度とその位置づけ

政党の法的な位置づけについては、政党に対する国家の態度を①敵視、②無視、③承認および法制化、④憲法的編入の四段階に分けるH・トリーペルの説が引用されるのが一般的である。もっとも、これはあくまでも理念型の発展段階を示したものであり、現実にこのように移行するとは限らず、また憲法的編入といっても、何をもって憲法的編入とするかは議論のあり得るところである。

政党は、代表民主制の発達とともに生じ、それが機能する上で不可欠の存在であったにもかかわらず、長い間、否定的な評価を受けてきた。そして、その背景には、反議会主義あるいは官僚主義的イデオロギーとともに、自由委任、討論・表決の自由などの議会主義固有のイデオロギーがあったとされる。

しかし、普通選挙の実現と議会制民主主義の発達によって、政党は民主政治に不可欠の存在となり、特に第二次世界大戦以降においては憲法で政党に言及する国があらわれ、さらに憲法に政党のあり方等について正面から規定する国もあらわれるようになった。たとえば、ドイツ連邦共和国基本法が「政党は国民の政治的意思形成に協力する」(二一条一項)とし、フランス第五共和制憲法が「政党および政治団体は選挙による意思表明に協力する」(四条一項)としているのが、その代表的な例である。

なお、憲法に政党に関する規定をもつ国も少なからず存在するようになっているが、それらの国の憲法における政党の位置づけをみてみると、①政党結成の自由を保障しているもの、②政党の性格や活動について規定するもの、③違憲政党の禁止等の規制をするものなどがみられ、その規定の位置づけや規定の仕方については、基本的に、政党を市民的自由(政治的権利)の中で規定している型と、統治機構の構成要素とする型とがみられる。[12]

また、政党に関する法の態度やその規律の態様は、法律レベルまでも含めると、それぞれの歴史的事情等も反映して、さらに多様である(政党に関する法的な規律については、対象となる事項の点から、政治資金に関する規律・特権の付与(助成)と選挙にかかわる規律に分けることができ、またその内容としては組織に関する規律と活動に関する規律がある）。政党の活動は、今日においても法的な規律の対象の外におかれていることが多いが、それを保障しあるいは規制する目的で法の対象とするケースも確実に増えてきており、政党の定義、内部秩序などについて定め、規制するものや、政党の活動費用や選挙費用の援助について定めるものなど、さまざまなものがみられ、さらにそれらの規定を一つの法律に統合して「政党法」として制定する国もみられるようになっている。(13)

## 2　日本国憲法における政党の位置づけ

日本国憲法は、政党に関する明文の規定をもたず、政党について完全に沈黙している。

しかしながら、現代において政党はまぎれもない憲法的な現実であり、その存在を無視するような解釈をすることは妥当ではない。八幡製鉄政治献金事件において最高裁（最大判昭和四五年六月二四日民集二四巻六号六二五頁）も述べているように、「憲法の定める議会制民主主義は政党を無視しては到底その円滑な運用を期待することはできないのであるから、憲法は、政党の存在を当然に予定している」ということができるだろう。そして、多くの学説も、憲法は政党について当然に予定しているとするとともに、政党は結社の一種として二一条の結社の自由の保障を受けるものとされているのである。

むしろ、問題は、憲法が政党について沈黙し、二一条の保障にだけかからしめたことの意味である。この問題は、政党の性格のとらえ方にも絡むものであり、またそれをどう解するかということは政党に関する援助・規制の是非やあり方に関する議論にも影響を及ぼすことになる。

その場合に、憲法二一条からは政党の自由の保障を導き出すことができるが、この政党の自由においては、政党の結成の自由、活動の自由、政党の自治が保障されるほか、政党への加入・脱退の自由も内包されることになる。特に、政党の組織については、基本的には、政党の自治に委ねられていると解されるべきであり、組織・運営の民主性については、党員ひいては国民の判断に委ねられるべきであって、国家が干渉すべきものではないといえよう。このように、政党については、市民的自由の脈絡において、政党の自由が保障され、政党間、あるいは政党とその他の団体や個人との間で、自由で平等な競争が確保されることが要請されることになる。もっとも、その一方で、憲法が、議員の全国民の代表としての性格、命令的委任の禁止、免責特権などについて定めていることにも注意しなければならない。すなわち、このことは、議会制民主主義・自由主義を基調とする日本国憲法が、政党がこれらにとって不可欠の存在であることを承認しながらも、行き過ぎた政党政治に対しては懐疑的な目を向け、しかもそれは時に議会制民主主義の対立物ともなり得るものとして警戒し、それらを定めることによって限界づけようとしている表れとみることができるのである。

### 3　法律上の政党の位置づけ

わが国では、憲法の規定に政党が存在しないことなども影響し、従来においては、法律上も、政党に関する規定は、部分的であり、かつ、必要最小限のものにとどまってきた。

たとえば、国会法においては、「会派」について限定的に規定するにとどまり、しかも、この会派は、同一の政党に属する議員によって構成されることが多いとはいえ、政党とは一応区別されるものである。また、公職選挙法上も、確認団体制度として政党その他の政治団体の選挙運動期間中における一定の政治活動・選挙運動を規制・許容する場面において政党が登場したにすぎず、政治資金規正法においては「政党」の定義が当初から置かれてはいたものの、(14)それはあくまでも政治資金の規正との関係で政党を対象とするものであった。このほか、政治的中立性の確保のため、国家公務員法、地方公務員法等の公務員関係の法律では欠格要件として特定の政党を結成・加入した者が規定され、委員会等の構成について特定の政党への偏りが禁止されるとともに、消費生活協同組合法、商工会議所法等では特定政党のための利用の禁止、教育基本法では特定の政党の支持・反対のための政治教育等の禁止が規定されているが、いずれも政党それ自体を規律するものではなかった。

他方、政党に関し包括的・一般的に規律する「政党法」については、これまでに何度か、政府、国会、政党などのレベルで検討する動きもみられたが、(15)それに対する強い反対などもあって、制定に向けた動きが大きく進むことはなかった。

しかし、その後、昭和五七年に公職選挙法が改正されて、参議院議員の選挙に比例代表制が導入され、さらに平成六年には、政党中心を旗印に、衆議院議員の選挙制度として小選挙区比例代表並立制が導入されたほか、政党助成法、政党交付金の交付を受ける政党等に対する法人格の付与に関する法律が制定され、政治資金規正法も政治資金の調達を政党中心とする方向で改正された。さらに、平成一二年には、国会法と公職選挙法が改正され、比例代表選出議員が選挙で争った他の政党に所属することとなった場合には議員または当選人の身分を失うものとされることとなった。以上のように近年の政党に関連する規定の増加には目を見張るものがあり、その結果、いわゆる「政党法」で規定されるような事項の多くが、既に法定されてしまったような観を呈するような状況となったともいえるのである。

もちろん、それらにおいても、政党は、政治団体のうち、衆議院議員または参議院議員を五人以上有するもの、直近において行われた衆議院議員総選挙の小選挙区選挙・比例代表選挙または参議院通常選挙における比例代表選挙・選挙区選挙での得票総数が有効投票の二パーセントであるものと規定されるにとどまっており、また政党の関する規定の内容も、相変わらずそれぞれの法律の必要に応じた部分的なものにとどまっている。しかし、政党について正面から規定することはないにしても、政治腐敗の防止、政党中心の選挙・政治、政党の公的性格、政党の財政基盤の強化の必要性といったことなどが強調されることによって、なし崩し的に既存の政党を強化する方向で、多くの政党に関係する規定・制度が導入されたことは否めないところであろう。しかも、残念なことに、そこでは、政党の位置づけ・機能・性格・現状といったことについて十分な分析が加えられたり、憲法にまで立ち戻り、かつ今後の社会の方向をにらみつつ、政党のあり方が検討されたりしたような形跡はほとんど見当たらない。

そもそも、政党に関する法的な制度・規律を考えるにあたっては、その前提として、政党に対して法的な規律が認められるのはどのような理由によるものか検討しておくことが必要なのであって、この点、単純に政党の公的性格や公共性を持ち出すだけでは不十分であり、政党に対する憲法の基本的な態度との関係からその制度・規律のあり方が問われていかなければならない。

わが国における政党に関する個別の法律の制度・規定については、紙幅の関係もありいちいち言及することは断念せざるを得ないが、あえて一言だけ触れておくならば、政党に対する助成、あるいは一定の規模以上の政党のみを対象とした制度については、既存の政党に有利に働き、政党の活力を奪い、政治状況の固定化や現状維持につながるおそれがあるのではないかという指摘に同意せざるを得ない。特に、既存の政党に有利に働く制度を導入しようとするのは、日本に限らず各国においてみられる傾向だとしても、わが国の社会状況や政党の状況を考慮するならば、そのことが現実の政党政治にどのような影響を及ぼすのか、彼岸の問題とは同一に論じられない面があるようにも思われる。なお、政党に関する制度を考えるに際しては、比較法的な考察がいわば必須でもあるかのような状況を呈しているが、政党の形態や特質、政党に関しいかなる制度が妥当するかということは、各国固有の政治文化・政治状況によって規定される部分が大きく、むしろ単純な比較や参照は避けるべきであろう。

## 四　政党システムとその類型

選挙においては、一般に、複数の政党が公約のかたちで政策を表明し、候補者を立て、政権を目指して競争を行うことになるものである。そして、議院内閣制を採用する国においては、議会（下院）の選挙において、ある政党が単独で議会の過半数の議席を獲得した場合には、その政党が与党として政権を担当し、それ以外の政党は野党として政府与党に対する批判勢力となる。これに対し、選挙でいずれの政党も単独で議会の過半数の議席を獲得できなかった場合には、その中で最も多数を獲得した少数派政党が単独で政権を担うこともないわけではないが、通常は、政党間での交渉が行われ、過半数を確保することとなった政党の連合が連立政権を担当し、その他の政党は野党として批判勢力に回ることになる。

このような政党の競争・相互作用の構造は、政党システム（政党制）と呼ばれ、その分類・類型としてさまざまなものが提示されている。そしてその中で、最も精緻なものとして、しばしば引用されているのが、G・サルトリーによって提示された政党類型である。(16) すなわち、そこでサルトリーは、政治的に有意味な政党の数と政党間のイデオロギーの距離を基準として、政党システムを、①一党システム、②ヘゲモニー政党システム、③一党優位政党システム、④二党システム、⑤穏健な多党システム、⑥分極的多党システム、⑦原子化政党システムに類型化し、①と②が非競争的政党システム、③〜⑦が競争的政党システムとした。その中で、わが国にも関係し、現実的に問題となり得るものについて付言しておくならば、③の一党優位政党システムは、複数政党間で競争が行なわれているにもかかわらず、一政党が継続して絶対多数議席を獲得し、事実上政権交代が行われない政党システムを指すものであり、一九五五年から一九九三年までの日本がまさにこれに該当する。また、④の二党システムは、有力な二つの政党の間で競争が行われ、その二つの政党の間で政権交代が行われるシステムで、イギリスに代表されるものである。他方、⑤の穏健な多党システムは、イデオロギーの距離の小さい三〜五の政党が競争し、単独―連立、連立―連立のかたちで政権交代が生じるシステムで、ヨーロッパ諸国においてみられるものであり、⑥の分極的多党システムは、イデオロギー距離の大きい六〜八の政党が選挙で競い、中道政党が単独でまたは連立して政権を担当するシステムであり、イタリアなどがその例とされる。

それでは、このような政党システムの違いは、どのような要因によって生じるのであろうか。

この点、各国の政党システムは、それぞれの歴史や政治的伝統、社会構造、政治的な文化によって影響を受けており、また国や地域によってきわめて多様であるが、これまでしばしばいわれてきたのは、政党システムは、一般的に、社会的な亀裂や社会の構成のあり方などによる社会的勢力の配置と力関係、選挙制度や統治制度などによって規定されるとするものであり、その中でも、社会的勢力の配置と力関係は重要な影響を及ぼすとするものであった。しかしながら、それらがどのようにして政党の勢力関係に変換されるか、あるいは選挙や政権について政党がどのように競い、協力するかは、選挙制度をはじめとする制度的な要因にも大きく左右されるのであり、また国民の伝統的な社会集団への帰属意識の弱まり、国民の教育水準の向上、マス・メディアの発達などによって、国民と政党との結びつきが弱まるに伴い、社会的勢力の配置と力関係の政党システムの形成に及ぼす影響力は低下してきているといわれる。もっとも、その一方で、選挙制度や政党に関する制度によって一定の政党システムを目指そうとしても、それを支える社会的な状況を欠くならば、目指すべき政党システムが実現されないばかりか、社会との関係でミスマッチを来たし、政治的な混乱と国民の信頼の低下を招くことにもなりかねないといえよう。

## 五　政党不信と政党政治の行方

マス・メディアが発達し、国民の教育水準と政治的能力が向上するとともに、意見表明の機会や政治的参加の手段が増加し、多様化した現代において、政党の役割は低下する傾向にあり、[17] 政党が機能し得る基盤そのものが変質しつつある。また、他方で、政党は、特定の組織と結びつき、それを系列化するとともに、自らが圧力団体と化して、圧力政治あるいは利益誘導・配分政治を展開するようになっており、そこでは、組織に属さない者や少数の利益は切り捨てられるなど、民意への対応能力を失い、自らその機能をますます低下させるとともに、国民との距離は広がるばかりである。そのような政党の溶解ともいえるような現象が進む中で、政党の側は、選挙制度の変更、国庫補助制度の導入、マス・メディアの規制などさまざまな手段を通じてその命脈を保ち、地位の安定化を図ろうとし、政党の法制上の重みと実態とのアンバランスを拡大させている。そして、そのような方向は社会の状況に合致せず、そのことがまた、国民の反発や批判を生み、政治不信や政党不信を拡大している面もあるのであり、さらに最近では、政党に関する各種の規律がかえって政治過程の柔軟性を阻害しているとの批判もみられるようになっている。

以上の結果、政党に対する信頼感は極端に減少し、選挙での投票率の低下、政党に対する支持率の低下と支持政党なし層の増加などの状況を招いている。まさに政党政治は大きな試練に立たされているといえよう。

もっとも、そのことは、決して一部でいわれているように政党政治の終焉を意味するものではないだろう。議会政治において、国民の意思を集約しながらこれを政治の過程に反映させていく存在が必要であり、そのようなものとして政党に代わり得る仕組みが存在しない以上は、政党がその地位を急激に失うようなことは想定し難く、また政党の対応によって現在の問題状況を克服することもある程度は可能なはずである。しかしながら、それらの問題は、政党システムが社会の変化に対応していないということにとどまらず、社会的・政治的な利害の複雑化・断片化や、その組織化の困難性など政党が機能する前提となっていたこれまでの社会的な基盤自体が変化してきていることに起因するものであることも忘れられてはならない。その意味では、政党がその地位に安住し、改革を怠ることになれば、突然に議会政治そのものが重大な局面を迎える危うさを抱えていることもまた否定できないのである。

(1)　M・デュベルジェは、権力分立の度合は、憲法の規定よりも、むしろ政党制のいかんに依拠するとして、政党制について論じた。

(2)　James Bryce“Modern Democracies”（松山武訳『近代民主政治』第一巻）。

(3)　Gesetz uber die politischeren Parteien §2.　ドイツの政党法については、たとえば、丸山健『政党法論』（一九七六年）。

(4)　ドイツの政党法の第一条では、政党が果たす機能について次のように包括的に規定している。

「第一条　政党は、自由な民主的基本秩序の憲法上不可欠な構成要素である。政党は、国民の政治意思の形成に自由で継続的な協力をすることにより、基本法によって課せられ、かつ、基本法によって保障された公共の任務を遂行するものとする。

政党は、特に世論の形成に影響を与え、政治的教養を振興し、および深化させ、市民が政治的生活に積極的に参加することを促し、公的責任を担う能力のある市民を育成し、候補者を推薦することによって、連邦、邦および地方自治体の選挙に参加し、議会および政府に政治的影響を及ぼし、政党によって策定された政治的目標を国家意思の形成過程に導入し、国民と国家諸機関との関係が確固として生き生きとした状態となるように尽力することによって、公的生活のあらゆる分野における国民の政治的意思の形成に協力するものとする。

政党は、その目標を政治綱領の中に明示するものとする。」

（5）　会派は、政党が議会活動を行うための組織、すなわち議会内政党と位置づけられることが多く、特にわが国では、理論的にも、現実の運用でも、政党と会派がきちんと区別されてこなかった。しかし、議院の運営・活動においては、制度的に、多様な人から成る政党がそのままのかたちで認められるわけではなく、あくまでも議院の構成員である議員から成る会派だけがその存在・活動を認められることになる。会派は、議院の内部において議員のみで組織する議員の団体をいい、議員のみによって構成されること、議院の内部において活動するものであることが基本的な要素となっている。また、会派は、政党を基礎として結成されることが多いが、あくまでもそれぞれの議院の議員のみによって組織されるものであり、政党とは区別される。したがって、たとえ政党と同一の名称の会派であっても、それとは一応別の組織ということになる。そして、実際にも、複数の政党の所属議員が議院内において会派を形成したり、同一の政党の議員が別の会派に所属するような例もみられる。現実の議院の運営・活動は、会派が基本単位とされ、各会派が所属議員の意見を集約し、会派間で協議を行い、その上で具体的な運営上の取扱いを決定したり、審議が進められたりしており、会派は、議院の運営・活動における要の存在・不可欠の存在となっている。

他方、会派は、政党と結びつき、政党を基礎として構成されるようになることで、議会における政党の代表としての機能を果たすことになる。すなわち、そこでは、会派は政党の伸ばされた手となり、政党の政策は会派を通じて議会の審議の過程にのせられ、また政党が媒介する国民の意思は会派により議会の審議・意思決定に反映されることになるのである。もっとも、会派が政党と一体化すればするほど、会派の基本的な性格であったはずの議員の自発性・自律性が失われるようになり、会派および議員は政党のマシーンと化してしまうことになる。なお、わが国では、政党と会派の区別がかなりあいまいとなっている面があることは否めないが、会派の位置づけ・あり様は、国や時代によってさまざまであり、会派についての典型像があるわけではない。

(6)　西尾勝「議院内閣制と官僚制」公法研究五七号（一九九五年）二九頁。西尾教授は、従来の憲法学が議院内閣制に関し専ら議会と内閣の関係に関心を集中させていて、官僚制に対する統制の問題をほとんど完全に無視していると批判する。

(7)　森秀樹教授は、政党が「『私的』なままであることが『公的』性格のレーゾン・デートルとなる」とする（「日本国憲法と政党」法律時報六二巻六号（一九九〇年）五三頁）。

(8)　ドイツ連邦憲法裁判所は、一九五四年の決定で、政党が国民の政治的意思の形成に協力する場合には憲法機関の機能を果たすとしており、これを国家機関としての政党の承認と解する見方もある。

(9)　従来から、憲法学においては、政党の公的性格論が政党の法制化の正当化の論拠とされてきたことから、それを否定しようとする傾向が強かった。

(10)　森前掲五四頁。

(11)　加藤一彦教授は、「多様な政党の『公的性格』論は、各レベルに期待されている政党の『公共性』の規範的要請が何なのかを同時に解明しなければ、分類論に終わりかねない」とする（「憲法・政党法・政党」白鳥令編

『現代政党の理論』所収、八頁）。分類論に終わりかねないことは指摘のとおりであるが、公共性の「規範的要請」などというものがどの程度導き出されるのか、またそもそもそのようなものを導き出し得るのかどうかについては疑問もないわけではない。

(12)　政党結成の自由を保障しているものとしてはイタリア憲法九四条、政党の性格や活動について規定するものとしてはフランス第五共和国憲法四条、政党の性格について規定するとともに違憲政党を禁止するものとしてドイツ連邦共和国基本法二一条などがある。なお、ドイツの基本法は、いわゆる闘う民主制を打ち出し、自由で民主的な基本秩序を侵害もしくは除去し、またはドイツ連邦共和国の存立を危うくすることを目指す政党を違憲とする。

(13)　政党の法的規律の態様については、各種個別の法による複合的な規律と、政党法という単一法による直接的な規律がある。また、内容的に、政党規制型のものは、第三世界や開発途上地域に比較的多くみられ、国庫補助型のものは北欧諸国、オーストリア、フランス、イタリアなどヨーロッパ諸国で多くみられるものであり、この二つのタイプの混合型をとっているものとしてドイツ、スペイン、アルゼンチンなどがある。なお、単独の政党法をもつ国としては、ドイツのほか、韓国やアルゼンチンなどがある。

(14)　政治資金規正法は、当初、政党について「政治上の主義若しくは施策を推進し、支持し、若しくはこれに反対し、又は公職の候補者を推薦し、支持し、若しくはこれに反対することを本来の目的とする團体をいう」としていたが、昭和五〇年の改正でこの定義はそれらを主たる活動として行うものにまで広げられて「政治団体」の定義とされ、「政党」については政治団体のうち議員が五人以上所属している者に限られるものとした。

(15)　わが国における政党法の検討の動きとしては、戦後第一回の総選挙で小党が乱立したことを背景に昭和二一年から二二年にまとめられた内務省地方局案と社会・民主・自由・国民協同党四党共同案、昭和二九年の改進党選挙制度調査特別委員会案、昭和三六年に第一次選挙制度審議会に提出された細川・矢部私案、昭和五八年の自民党の政党法要綱（吉村試案）、平成元年の参議院自民党の政党法案要綱原案などがある。

(16) Giovanni Sartori, Parties and party systems : A framework for analysis (1976)（岡沢憲芙等訳『現代政党学』）。

(17) その面では、政党に代わって、個別の問題について意見を集約し、それを政治の過程に導入する利益集団、市民団体、マスメディアなどが登場してきたことや、有権者そのものが政党という組織にこだわらずに、自由な立場で、個別の興味に応じ、政治に参加するような状況となっていることなどの影響も大きいといえよう。

## Ⅵ　おわりに

以上、不十分ながらも、議会制民主主義と選挙・政党のかかわりとそのあり方について、憲法学的な視点をベースとしつつ制度論的な観点からみてきた。そして、そこでは、制度論ということでやや平板的・概括的な考察となったにもかかわらず、それらが抱える問題状況や課題もある程度は明らかになったのではないかと思われる。

それらの点については、それぞれの箇所で触れたのであえてここでは繰り返さないが、それらを総括しやや誇張気味にいうならば、議会政治・政党政治の未来は決して予断を許さない状況にあるということになるだろう。選挙と政党に支えられた民主的な政治システムが合法的な権力や支配の必要条件であるとの認識は全世界的に共有されるようになっているにもかかわらず、逆に、その内容は多様化し、希薄化しつつある。そして、多くの民主主義諸国では、政府・議会・政党などによる政治に対する人々の幻滅はますます強まる傾向がみられ、既存の政治システムや政党に対して疑問や拒否が突きつけられるようになっている。とりわけ、グローバル化・ボーダレス化の波は、今後とも、政府や政治の対応の有効性や役割を限定的なものとするとともに、社会や国民の利害の複雑化・多元化・断片化・流動化によって、ますます議会・選挙・政党による選択・調整・処理の有効性は低下することになるだろう。

しかし、その一方で、それらによって、議会・選挙・政党のシステムが不要となるようなことにまで至るとは思えない。どんなに国家や社会の状況が変わろうとも、また直接民主制の技術的可能性が高まろうとも、現実の民主政治は、それらを抜きにしては、動くことができないだけでなく、成り立つことさえできないからである。おそらく、それらのシステムは、そのもつ意味が相対的に低下することがあっても、尊敬と軽蔑、期待と失望にまみれながら命脈を保っていくことになるであろうし、またそれらを国民が否定するような状況を生じさせることがあってはならない。それだからこそ、そのあり方がたえず問われ続け、それらの担い手にはたえざる努力が求められていくことになるのである。

議会政治が有効に機能するには、それを可能とするような選挙と政党のシステムが必要不可欠となるが、いかなる制度であっても、それを運用するのは結局のところ国民である。その意味で、議会政治・政党政治の運用には賢明な国民を必要とする。そして、そのことを踏まえるならば、物質的な豊かさの実現により政治が人々の中心的な関心事項ではなくなってきている中で能動的な市民像を一方的に強要することは妥当ではないとしても、国民が統治の客体意識あるいは観客民主主義から脱却し統治の主体としての意識と自覚をもてるようにすることが、わが国においては特に求められているのであり、そのためにも、精神論ばかり振りかざしてみたり、国民に責任を転嫁するのではなく、自律と自由と参加と責任を基本とした統治システム＝民主主義の再構築が政治に課せられた緊要な課題となっているといえるのである。本章ではその一端をみたにすぎず、取り組むべき課題はあまりにも多い。

# あとがき

われわれは、いまこそ、国会はどうあるべきかを真剣に考えるべきではないかとの思いから、上田章（元衆議院法制局長、前白鷗大学教授）、堀江湛（慶應義塾大学名誉教授、尚美学園大学学長）、中野邦観（前読売新聞社調査研究本部総務、尚美学園大学教授）の三氏に浅野が加わって、叢書『国会を考える』全七巻の編集を決定し、政治・法律学者、法律実務家、ジャーナリストが相集って幅広い視点から、国会を考えるための素材を提供しようとした。そのうち第二巻「選挙制度と政党」の取りまとめを浅野が担当することになり、ようやくここにまとめることができた。

議会政治の現状は、金権政治、個別利益誘導の支配する政治であり、全体の利益をつくり出す調整機能の低下、国内外の情勢に対応する能力の欠如、政治の細分化、行政化の進行、政権交代の欠如、討論を通じて国民に政治の争点を明示し、合意形成をつかさどる国会の機能の低下などの現象を生ぜしめており、国民の信頼を失わせている。

このままでは、わが国の議会政治は、当面の国内外の情勢に対応する適切な施策の策定もできず、また、将来にわたって政治的安定を国民に約束することも難しく、二一世紀における課題の解決に対応しきれぬまま、一層、国民の政治不信や政治ばなれを進めることとなりかねない。

議会政治の危機的現象をよく見つめ、強力にその改革を進めなければならないときである。そこで、この巻では、議会制度の基礎ともいうべき「選挙制度と政党」について考えてみることとしたのである。

第一章では、選挙制度と政党を考えるための基本として、憲法学の立場から、国民主権、国民代表、国民主権と国民代表の関係、「全国民の代表」の意味、憲法と政党との関係について考え、国民代表をめぐる基本的諸問題を採り上げた。

第二章では、政治改革の一環として、新たにわが国に導入された衆議院議員選挙の方法である小選挙区比例代表並立制を採り上げ、その導入の経緯を概観した後、その制度の問題点を考え、さらにこの制度がもたらすであろう新しい政党システムについて考えた。

第三章では、小選挙区比例代表並立制という新選挙制度におけるクロス投票とバッファー・プレイヤーを採り上げ、一人二票制下における有権者の投票行動の一端を明らかにするとともに、自民党支持者におけるバッファー・プレイヤー指向が二票の使い分けに対して、どのような影響を及ぼしているかという点について焦点を絞って分析を行った。

第四章では、選挙制度について政治学の立場から考えることとし、選挙制度は、まず一方において、国民の代表として選出される国会議員にどのような性格を求めるかという理念・哲学によって定められなければならないという観点と他方、制限選挙であれ、普通選挙であれ、有権者団と代表との一票の格差をどのようにとらえるのかという観点から、これを考えなければならないとし、日本の選挙制度の問題点として農村優位の選挙制度であることを指摘し、この選挙制度は、国会における政策形成にも大きな影響をもたらしているとし、小選挙区比例代表並立制の新しい選挙制度によって、一票の格差は大きく改善されたとされるが、一票の格差二倍未満には依然として遠く及ばず、新しい選挙制度が成立する際に行われた区割り方法に問題があり、農村優位の選挙区割りは依然として農村優位の選挙制度を解消していないとし、決して偏ることのない選挙区割りを実現し、民意を正確に国会における政策形成に反映させることこそ実質的な意味での政治改革を達成するための第一歩であると考えた。

第五章では、議会制民主主義と選挙・政党のかかわりとそのあり方について憲法学的な視点をベースとしつつ選挙制度を制度論的な観点から考えた。もっともそれが抱える問題状況や課題もある程度明らかにしている。そして、議会政治、政党政治の未来は決して予断を許さない状況にあると指摘している。

このように、ここで考えたことを参考にして、国民の皆さんが国会はどうあるべきかを考え、議会制民主主義を護るための方策を議論していただければ幸いである。この巻をまとめることができたのは、信山社の村岡侖衛氏のはげましによるところが多い。心から感謝する次第である。

平成十五年五月

浅野一郎

**執筆者紹介**

浅野 一郎 （あさの いちろう）

1926年岐阜県生まれ。1948年京都大学法学部卒業。元参議院法制局長。著書「議会の調査権」,「国会の憲法論議」,「国会事典」,「改訂法制執務事典」,「憲法」ほか。

河野 武司 （こうの たけし）

1958年広島県生まれ。慶応義塾大学法学部政治学科卒業。現在，杏林大学総合政策学部教授。著書（共著）「世界の政治システム」,「政策決定の理論」,「政治過程の計量分析」,「選挙と投票行動の理論」ほか。

真下 英二 （ました えいじ）

1971年愛媛県生まれ。慶応義塾大学大学院法学研究科政治学専攻博士課程中途退学。現在，尚美学園大学総合政策学部専任講師。

川﨑 政司 （かわさき まさし）

1960年岩手県生まれ。慶應義塾大学法学部法律学科卒業。現在，参議院法制局第2部第1課長・慶応義塾大学法学部講師。著書「最新地方自治の解説」,「行政法がわかった」,「国会がわかる本」,「基本解説憲法」ほか。

信山社叢書　国会を考える 2　選挙制度と政党

2003年7月20日　初版第1刷発行

編　者　浅野一郎

装幀者　石川九楊

発行者　今井貴＝村岡侖衛

発行所　信山出版株式会社

113-0033　東京都文京区本郷6-2-9-102

TEL 03-3818-1019　FAX 03-3818-0344

印刷 エーヴィスシステムズ　製本 渋谷文泉閣



ISBN 4-7972-5161-1 C 3332